은혜 영성의 파워

The Power of Experiencing Grace

Copyright ⓒ 2002 by Grace Walk Ministries, Inc
All rights reserved
Korean edition copyright ⓒ 2002 by NCD Publishers

본 저작물의 한국어판 저작권은 저자와 독점계약한 터치북스에 있습니다.
신 저작권법에 의하여 한국 내에서 보호 받는 저작물이므로 무단전재와 무단복제를 금합니다.
터치북스는 도서출판 NCD의 임프린트입니다.

은혜 영성의 파워

스티브 맥베이 지음 | 우수명 옮김

터치북스

1장 **은혜의 삶** • 7

우리 앞에 놓인 두 가지 삶의 방식 | 생명나무의 원리를 따라 산다는 것
예수의 생명이 나를 통해 나타나는 인생

2장 **육체의 삶** • 29

나는 왜 그리스도인답지 못할까 | 성령의 길 : 예수 안에 거할 때 나타나는 길
승리의 열쇠는 하나님 한분만 의지하는 것

3장 **깨어진 삶** • 51

'육체의 삶'을 지금 끝내라 | 깨어짐, 하나님이 일하시는 도구
하나님의 훈련학교에서 깨달아야 할 것들 | "스티브! 나는 너를 원한다."
나를 비운 그 자리에 그리스도가 오시다

4장 **의로운 삶** • 89

당신의 가치는 하나님이 가장 잘 아신다 | 우리는 단지 '구원 받은 죄인'이 아니다
이제 당신은 의롭다 | 느낌이 아닌, 우리의 최종 권위를 의지하라

5장 **자유의 삶** • 109

반쪽짜리 복음에서 탈출하기 | 나는 이제 은혜와 결혼했다
영적인 세계의 법칙

차례

6장 승리의 삶 · 131
그리스도인의 뒤바뀐 본성 | 본성이 아니라 성품이 문제다
승리는 예수님 안에 거하는 것이다 | 승리는 선물이다 | 승리는 초점을 바꾸는 것이다

7장 생명의 삶 · 165
복음의 핵심을 다시 점검하라 | 계시를 받기 위해 성경을 읽어라
하나님을 알기 위해 기도하라 | 그리스도의 몸은 하나다

8장 감정을 초월하여 사는 삶 · 185
감정은 우리를 쉽게 속인다 | 믿기 어렵지만, 믿어야만 하는 황홀한 진실
정상적이고 자연스런 인간의 감정 | 약해도 괜찮다, 주님만 붙들라

9장 성령의 삶 · 205
예수님이 '우리 안에' 오신 이유 | 사람의 본질은 육체 안에 담긴 영혼이다
성령 안에서 사는 것을 배우기

10장 진리의 삶 · 223
우리에게 허락된 부요함 | 그분 안에서 우리는 누구인가?
우리가 물려받은 두 가지 유산 | 새로운 과거와 새로운 미래

"여호와 하나님이 동방의 에덴에 동산을 창설하시고

그 지으신 사람을 거기 두시니라

여호와 하나님이 그 땅에서 보기에 아름답고 먹기에 좋은 나무가 나게 하시니

동산 가운데에는 생명 나무와 선악을 알게 하는 나무도 있더라"_창 2:8-9

1장 은혜의 삶

우리 앞에 놓인 두 가지 삶의 방식

나는 27년 동안 예수님을 믿었다. 그러나 그분의 은혜를 깨닫기 시작한 것은 불과 5년밖에 되지 않는다. 5년 전에 예수님은 나를 완전히 새로운 사람으로 변화시켜 주셨다. 예수님이 우리에게 계시하신 진리는 우리의 삶에 영원한 변화를 일으킨다. 그 진리는 내 인생을 완전히 바꾸어 놓았고 하나님의 은혜 안에 사는 법을 알게 해 주었다.

나는 여덟 살 때 예수님을 믿었다. 그때 나는 예수님이 내

구세주이신 것을 확신했고 언제 죽더라도 천국에 갈 수 있을 것이라고 믿었다. 그후부터 나는 예수님이 진실로 내 주님이 되시기를 소망하며 언제나 주님이 기뻐하시는 일을 하려고 했다. 그때부터 예수님이 내 삶의 중심에 자리잡기 시작했고, 청년이 되어서는 다른 사람에게도 이런 삶을 살도록 가르쳤다.

그러나 믿는 자에게 예수님은 그저 구세주요 주님으로만 머물러 계시지 않는다는 것을 깨닫게 되었다. 우리에게는 그보다 더 큰 부르심이 있다. 그것은 바로 예수님이 곧 '생명'이라는 사실을 모든 삶의 현장에서 고백하기를 원하신다는 것이다. 크리스천으로서, 예수님을 그저 자기 삶의 구세주로만 받아들이는 것과 모든 삶의 현장에서 예수님을 생명으로 고백하는 것의 차이는 무엇인가?

예수님이 주님$_{Lord}$으로만 계신다면, 신약성경에 나오는 주님은 단순히 주인$_{boss}$이라는 의미만 지니게 된다. 좋은 주인의 마음을 헤아려 주인이 원하는 것을 해야 한다. 그렇게 해야 주인이 기뻐하기 때문이다. 이처럼 예수님을 주인으로만 알 때 우리도 종의 마음으로 살게 된다.

그러나 사도 바울은 분명한 어조로 우리가 더 이상 종이 아니라 '하나님의 아들'이라고 말한다. 우리가 예수님을 생명으로 여길 때 비로소 그리스도인이 맛볼 수 있는 새로운 삶으로 들어간다. 왜냐하면 예수님을 생명으로 받아들이는 것은 우리에게 그분의 본질이 있다는 의미이기 때문이다.

그리스도인이 된 우리는 자기 안에 하나님 아버지의 성품을 지니게 된다. 그래서 단순히 주인을 기쁘게 하려는 종의 마음과는 달리, 자녀로서 아버지와 같은 마음과 생각을 품는다. 아들은 아버지의 본질과 성품으로부터 영향을 받으며 성장하고 행동하기 시작한다. 은혜의 삶을 산다는 것은 우리가 그리스도 안에서 믿는 자로서 올바른 정체성을 찾는 것이다.

대부분 그리스도인의 삶을 지배하는 문제는 '선과 악'에 관한 것이다. 우리는 옳은 것을 하기 원한다. 믿는 자인 우리에게 이 말은 그럴듯하게 들린다. 그러나 옳은 일만 한다는 것은 너무 단순한 목표다. 물론 우리는 선한 일뿐 아니라 그 이상의 것도 할 수 있다. 구원받지 못한 많은 사람들도 대부분 도덕적으로 올바르게 살아가려고 애쓴다. 그들 역시 언제나 정도를 가는 것이 옳다는 것을 알고 있으며 또한 그렇게 살고 싶어 한다. 하지만 단지 올바로 사는 것이 하나님의 자녀된 당신의 목표라면, 그것은 온전한 삶이 아니다.

우리를 향한 하나님의 뜻은 단순히 옳은 일 몇 가지를 하는 데 그치는 것이 아니라 의롭게 사는 데 있다. 그런 목표를 가질 때 우리는 하나님이 허락한 기적의 삶을 경험하게 된다.

창세기에는 인류가 창조되었을 때 생겨난 두 가지 상반된 삶의 철학이 나타난다. 하나는 옳은 일과 관련된 도덕적인 삶이고, 다른 하나는 의로운 삶이다. 의로운 삶은 다른 말로는 기적의 삶이라 할 수 있다. 두 가지 상반된 삶은 이미 에덴에서 시작되었다. 먼저 하나님은 동산을 지으시고 자신의 형상대로 창조하신 사람을 거기 두셨다.

> "여호와 하나님이 동방의 에덴에 동산을 창설하시고 그 지으신 사람을 거기 두시니라 여호와 하나님이 그 땅에서 보기에 아름답고 먹기에 좋은 나무가 나게 하시니 동산 가운데에는 생명 나무와 선악을 알게 하는 나무도 있더라" 창 2:8-9

동산에는 두 그루의 나무가 있었다. 하나는 생명나무이고, 다른 하나는 선악을 알게 하는 나무였다. 두 나무는 하나님 안에서 선택할 수 있는 두 가지 삶의 형태를 보여 준다. 생명나무는 예수님을 상징한다. 신약성경은 예수님이 바로 생명이라고 거듭 말한다. 생명이신 예수님과 연합하여 사는 삶이 하나님이 의도하신 삶이다. 이것은 그분과 함께 거하고 그분과 함께 경험하고 그분을 즐기는 삶이다. 타락 이전 아담과 하와는 매 순간 그분 안에서 주님을 영화롭게 하며 살았을 것이다. 이것이 태초부터 인간을 향한 하나님의 뜻이었다. 또한 오늘날에도 하나님의 뜻은 변함이 없다. 우리가 그분 안에 머물면서 안식을 누릴 때, 우리는 기적의 삶을 살게 된다.

한편 이 동산에는 다른 나무도 있었다. 그것은 선악을 알게 하는 나무로써 율법을 나타낸다. 아담과 하와가 타락하기 전 그들은 선악의 차이를 알지 못했다. 왜냐하면 선악과를 먹지 않았기 때문이다. 그러나 그들이 선과 악을 알지 못한다고 해서 그것이 문제가 되었는가? 전혀 그렇지 않았다. 이 선악을 알게 하는 나무의 열매를 하나님은 먹지 말라고 하셨고 먹는 날에는 반드시 죽는다고 말씀하셨다.

그런데 사탄이 와서 하와에게 '하나님이 참으로 너희에게 동산 모든 나무의 열매를 먹지 말라 하시더냐' 라고 묻는다. 하와는 '동산 나무의 열매는 우리가 먹을 수 있으나 동산 중앙에 있는 나무의 열매는 하나님의 말씀에 너희는 먹지도 말고 만지지도 말라 너희가 죽을까 하노라 하셨다' 라고 대답한다. 뱀은 결정타를 날린다. '너희가 결코 죽지 아니하니라 너희가 그것을 먹는 날에는 너희 눈이 밝아져 하나님과 같이 되어 선악을 알 줄 하나님이 아심이니라.'

아담과 하와는 하나님의 형상대로 지음을 받았기 때문에 이미 그들 안에 하나님의 성품을 지니고 있었다. 그런데 하와가 선악과를 먹고 남편인 아담도 그것을 먹게 되었을 때 커다란 변화가 일어났다. 갑자기 그들의 눈이 밝아져 처음으로 자기들이 벗었음을 알게 된 것이다. 그러면 그 전에는 이들이 벗었다는 것을 왜 몰랐을까?

그 전에는 자신들이 벗고 있다는 것에 전혀 마음을 쓰지 않았을 것이다. 선악과를 먹기 전 그들의 삶은 온전히 하나님에게만 초점을 맞추고 있었다. 그런데 타락이 시작된 이 시점부터 인간은 하나님과 분리되어 자기 자신을 보기 시작했다. 자신의 부끄러운 모습을 보고 하나님 앞에서 숨어 버린 것이다. 이때부터 선악과를 먹은 인류는 계속해서 자신에게만 집중하며 하나님을 외면하기 시작했다.

마침내 아담과 하와는 처음으로 하나님과 분리된 삶을 살기 시작했다. 이전에는 '하나님과 나'라는 독립된 개념이 아닌 '우리'라는 하나의 개념을 가지고 살았다. 그런데 하나였던 '우리'가 선악과를 먹음으로써 하나님과 '분리된' 정체성을 갖게 되었다. 즉 그들이 선악을 알게 하는 나무를 선택했기 때문에 선악과의 기준이 그들의 삶에 들어온 것이다. 그때부터 사람들은 선과 악의 잣대로 삶 속에서 옳고 그름의 문제를 찾기 시작했다. 그것이 그들 삶의 중요한 가치가 되면서 도덕적인 행위를 갈구하는 마음이 생겨났다. 그러나 하나님은 도덕적인 삶을 살게 하기 위해서 인류를 창조하신 것이 아니다.

생명나무의 원리를 따라 산다는 것

하나님은 우리가 기적의 삶을 살기 원하신다. 이것이 우리를 향한 하나님의 소망이고 선물이다. 그런데 첫 번째 아담은 이제 할 수만 있다면 자기 힘으로 옳은 일을 하겠다고 말한다.

두 번째 아담인 예수님은 첫 번째 아담이 망쳐 놓은 관계를 회복하기 위해 이 땅에 오셨다. 태초에 하나님이 창조하신 질서대로 되돌리기 위해 오신 것이다. 하나님의 목적은 아담과 하와가 타락하기 전에 그랬던 것처럼, 우리가 그분 안에 거하고 그분과 함께 즐거워하는 것이다. 이렇게 될 때 우리는 선악을 초월하여 도덕적인 삶뿐만 아니라 기적의 삶도 살게 되는 것이다.

현대인은 선과 악을 기준으로 살기 때문에 여러 가지 혼란을 겪는다. 한편으로는 하나님을 영화롭게 하기 원하면서 또 다른 한편으로는 자신의 행동을 향상시키려고 애쓴다.

선악을 알게 하는 나무에는 두 개의 큰 가지가 있는데, 하나는 선이라는 가지이고, 다른 하나는 악이라는 가지이다. 선악을 알게 하는 나무를 의지해서 사는 삶이 무엇일까? 다음 이야기를 읽어보자.

타락 후 어느 날 아침, 아담은 아직 자고 있다. 하와가 과일 한 바구니를 들고 들어온다. 그녀는 아담에게 몸을 숙여 입 맞추고 상냥하게 말을 건넨다. "여보, 오늘은 침대에서 아침 식사를 하세요. 여기 이 싱싱한 과일 좀 드세요. 당신을 너무 사랑해요." 그런데 아담이 짜증을 내며 "도대체 왜 깨우는 거야. 잠자리로 식사를 가져오다니 도대체 무슨 짓이야. 이런 짓 좀 하지마."라고 하면서 하와를 내몰았다.

하나님은 이런 상황에서 아담을 어떤 마음으로 보셨을까? 물론 좋은 마음은 아니었을 것이다.

오후가 되자 아담은 아침에 했던 자신의 행동을 생각하면서 죄책감을 느끼기 시작했다. 그래서 하와에게 다가가 약속한다. "하와! 아침에 짜증내서 정말 미안해. 이제부터는 잘할게. 내일은 당신에게 아주 특별한 날로 만들어 줄게. 당신이 하자는 대로 다 할게." 다음 날부터 아담은 약속대로 하와에게 아침 식사도 가져다 주고 사랑스럽게 대해 준다.

하나님은 이런 아담을 보면서 기뻐하셨을까? 만약에 그렇다고 대답하려고 한다면 생각을 바꾸라. 사실은 그렇지 않기 때문이다.

하나님은 이런 아담과 하와를 전혀 기뻐하지 않으신다. 인간의 문제는 행위에 있는 것이 아니다. 그런데 인간은 계속 행위에 기초해서 '선악을 알게 하는 나무'의 원리대로 살고 있다. 행위를 선하게 바꾼다고 해서 이 문제가 해결되는 것은 아니다. 그러나 현대 교회는 행위에 초점을 맞추어 성도들에게 승리를 경험하도록 가르친다.

하나님은 '생명나무의 원리' 안에 거하는 삶을 원하신다. 인간이 범한 최초의 죄는 바로 하나님 안에서 그분을 '전적으로 의지'하지 않고 '독립적인 삶을 선택'한 것이다.

어느 날 빌립이 나를 찾아와서 자신이 포르노의 유혹에 빠져 있다고 고백하며 상담을 요청했다. 빌립은 자유로운 결혼관을 가진 사람이다. 자라면서 아빠와 엄마가 각각 다른 사람을 집에 데려오는 것을 보았다. 그래서 어린 나이에 이성 관계에 눈을 떴고 포르노에 빠지게 되었다. 그는 내가 담임하던 교회의 성도였는데 교회에 자주 나오는 사람은 아니었다. 그가 포르노에서 자유롭고 싶다고 말했을 때, 나는 먼저 교회를 꾸준히 나오고 매일 아침 성경을 읽으라고 권면했다. 또한 하루에 30분 정도 기도하고, 이와 더불어 정욕과 유혹에 관련된 성경구절들을 암송하면 도움이 될 거라고 말해 주었다.

그러나 사실 빌립에게 했던 상담은 "당신은 선악을 알게 하는 나무의 가지 중에서 악이라는 가지를 가지고 있군요. 그러니까 선이라는 가지로 바뀔 수 있도록 노력해야 합니다."라고 말하는 것과 같았다. 정말 빌립이 교회에 꾸준히 나오고 성경을 많이 읽으면 나아지겠는가?

우리는 모두 교회에 열심히 다니고 성경을 읽으며 기도 생활을 한다. 하지만 우리는 마음속에 여전히 해결되지 않는 문제를 안고 있다. 이처럼 많은 사람들은 신앙생활을 성실히 하면서도 한편으로는 좌절감을 느끼며 살아간다.

나는 빌립에게 무엇보다 먼저 예수님 안에 있는 정체성, 즉 예수님의 본질과 성품이 본인 안에 있다는 사실을 상기시켜 주었어야 했다. 예수님이 그에게 역사하실 때만이 그는 유혹에서 승리할 수 있기 때문이다.

승리의 삶을 사는 비결은 우리의 행위를 바꾸는 데 있지 않다. 행동을 선하게 바꾼다고 해서 승리하는 삶을 사는 것은 아니다. 승리의 열쇠는 예수님을 생명으로 받아들이는 것이다. 승리를 얻기 위해 선한 행위를 하려고 노력한다면 결코 승리를 얻지 못한다.

만약 기적의 삶을 살기 원한다면, 성령의 도움으로 우리와 그리스도가 하나가 되어야 한다. 우리가 성령 안에 거할 때, 예수님의 생명이 우리 삶 가운데 흐르게 된다. 이 때가 바로 우리가 기적의 삶을 살게 되는 때다. 이것이 바로 승리의 삶을 사는 열쇠다. 바울은 빌립보서 1장에서 '내 안에 사는 것은 그리스도'라고 했다. 그리스도는 생명 그 자체다.

> "나의 간절한 기대와 소망을 따라 아무 일에든지 부끄러워하지 아니하고 지금도 전과 같이 온전히 담대하여 살든지 죽든지 내 몸에서 그리스도가 존귀하게 되게 하려 하나니 이는 내게 사는 것이 그리스도니 죽는 것도 유익함이라" 빌 1:20-21

> "우리 생명이신 그리스도께서 나타나실 그 때에 너희도 그와 함께 영광 중에 나타나리라" 골 3:4

> "우리가 그를 힘입어 살며 기동하며 존재하느니라" 행 17:28

그리스도는 생명이다. 당신도 아마 나처럼 더 나은 삶을 살기 위해, 또 그리스도인으로서 보다 도덕적이고 거룩한 삶을 살아 보려고 많은 세월을 노력하며 보냈을 것이다. 믿는 자가 삶의 수준을 높이기 위해 노력하면 할수록 그것은 선악을 기준으로 낮은 영성에 머무른 채 사는 것이다. 우리는 언제나 예수님을 닮은 삶을 살기 위해 노력하지만 결국 그렇게 할 수 없는 자신을 발견하게 된다. 마침내 '우리는 스스로 할 수 없다'는 고백을 하게 된다.

처음에 구원을 얻어 주님을 향한 첫사랑으로 가득할 때는 이 일이 쉽다. 그러나 얼마 지나지 않아 그것이 쉽지 않음을 깨닫는다. 그러고는 마침내 우리 스스로의 힘으로 그리스도인다운 삶을 사는 것이 불가능하다는 사실을 깨닫게 된다.

이 깨달음이야말로 바로 하나님이 우리에게 허락하신 복이다. 스스로 그리스도인다운 삶을 사는 것은 불가능하지만 예수님의 생명으로는 가능하다. 예수님의 생명을 가지고 사는 삶은 은혜의 영성인 것이다.

내가 베토벤같이 피아노를 연주해 보겠다고 큰소리쳤다고 하자. 물론 나는 베토벤처럼 연주하지 못한다. 그럴듯하게 흉내는 낼 수 있겠지만 그와 똑같이 할 수는 없다. 나도 어린 시절부터 피아노를 배웠지만, 베토벤처럼 피아노를 치지는 못한다. 내가 몇 년 동안 레슨을 받았다고 해도 여전히 베토벤처럼 연주할 수는 없다.

그리스도인다운 삶을 사는 것도 마찬가지다. 우리 스스로의 힘으로는 아무리 노력해도 불가능한 일이다. 우리는 예수님을 위해 그리스도인다운 삶을 살기를 원한다. 그렇지만 우리를 통하여 예수님이 나타나도록 허락하지 않는다면 그런 일은 결코 일어나지 않을 것이다.

행위에 초점을 맞춰서는 해결되지 않는다는 것을 깊이 이해하고 받아들여야 한다. 이 말은 우리가 행위 중심의 삶에서 성품 중심의 삶으로 바뀌어야 한다는 것을 의미한다. 우리는 자신의 행실을 고치려고 애를 쓰지만, 하나님은 우리 삶의 근본을 바꾸기를 원하신다.

행위로 인해 스스로 만족하는 사람은 율법적인 삶을 사는 사람이다. 이러한 삶을 사는 사람은 하나님의 말씀을 다 지키려고 노력한다. 갈라디아서에서 바울은 '그리스도가 우리를 율법의 저주에서 속량하려고 오셨다'고 말했다.

속량이란 말은 원래 전당포에 물건을 저당 잡혔다가 값을 치르고 되찾아 올 때 쓰는 말이다. 아담은 에덴동산에서 우리를 죄에 팔아 넘겼다. 그것은 우리를 율법에 팔아 버렸다는 것을 의미한다. 그래서 예수님이 우리를 율법으로부터 해방시키기 위해 오셨다. 그분은 우리가 율법이 아닌 생명을 의지해서 살아가기를 원하신다.

그리스도인의 삶의 본질은 '예수님을 위해 사는 것'이 아니라 '예수님이 우리를 통해서 나타나도록 하는 것'이다. 예수님이 이 땅에 오신 것은 하나님을 위해서 자기 스스로가 어떤 일을 하기 위함이 아니다. 예수님은 아버지가 자신을 통해 나타나도록 하셨다. 예수님은 매일 아침 "하나님을 위해서 제가 무슨 일을 할까요?"하고 묻지 않으셨다. 그분은 그저 아버지 안에 거했고 아버지는 그 아들을 통해 나타날 수 있었다. 요한복음 14장에 그것을 분명하게 기록하고 있다.

빌립이 예수님께 아버지를 보여달라고 했을 때, 주님은 이렇게 말씀하셨다. "내가 이렇게 오래 너희와 함께 있으되 네가 나를 알지 못하느냐 … 나는 아버지 안에 있고 아버지는 내 안에 계신 것을 네가 믿지 아니하느냐 내가 너희에게 이르는 말이 스스로 하는 것이 아니라 아버지께서 내 안에 계셔 그의 일을 하시는 것이라" 요 14:9-10.

예수님은 스스로 말하는 것이 아니라 그분 안에 거하시는 하나님이 말씀하신다고 한다. 즉, 예수님 스스로 그 모든 일을 하는 것이 아니라는 뜻이다. 그것은 우리에게도 마찬가지다. 내가 예수님 안에 거할 때 비로소 하나님이 나를 통해 일하신다. 내가 하나님을 위해서 무언가를 하려고 노력하는 것이 아니라, 예수님 안에 거하기만 하면 예수님이 나를 통해 일하신다는 것이다.

예수님은 이 땅에서 얼마나 많은 기적을 행하셨는가? 만약 하나님이 예수님을 통해 역사하지 않으셨다면, 예수님은 아무것도 할 수 없었을 것이다. 물론 예수님은 하나님이시고 전지전능한 분이시지만 우리를 위해 이 땅에 오셔서 사람으로 사는 것을 선택하셨다.

"그러므로 예수께서 그들에게 이르시되 내가 진실로 진실로 너희에게 이르노니 아들이 아버지께서 하시는 일을 보지 않고는 아무 것도 스스로 할 수 없나니 아버지께서 행하시는 그것을 아들도 그와 같이 행하느니라" 요 5:19

열심히 믿는 것과 바르게 믿는 것

승리의 삶이란 무엇인가? 그것은 예수님을 위해서 무언가를 하려고 애쓰는 삶이 아니라, 매 순간 예수님이 우리를 통해서 나타날 수 있도록 허락하는 삶이다. 즉 생명나무에 속한 삶을 사는 것을 말한다.

누가복음에 마리아와 마르다 이야기가 나온다. 어느 날 예수님이 한 촌에 들어가셨을 때 마르다라는 여인이 예수님을 자기 집으로 모셨다. 마르다에게는 마리아라는 동생이 있었는데, 마리아는 줄곧 예수님의 발아래 앉아 열심히 그분의 말씀을 들었다. 마르다는 마리아의 이런 모습이 불만이었다.

"마르다는 준비하는 일이 많아 마음이 분주한지라 예수께 나아가 이르되 주여 내 동생이 나 혼자 일하게 두는 것을 생각하지 아니하시나이까 그를 명하사 나를 도와 주라 하소서" 눅 10:40

여기에 나타난 마르다의 태도는 행위에 따라 살아가는 그리스도인의 전형적인 모습이다. 그들은 '내가 이렇게 섬기고 있으니까 다른 사람들도 모두 나처럼 섬겨야 한다'고 생각한다. 마르다가 일로 분주했다는 부분을 주목해 보라. 분주한 마음으로는 예수님에게 집중할 수 없다. 마르다는 무엇 때문에 분주하여 예수님에게 집중하지 못했는가? 예수님을 잘 대접하려는 마음 때문이었다. 지금 나는 섬기는 일을 과소평가하려는 것이 아니다. 만약 내가 예수님이었다면, 아마 마르다에게 균형이 필요하다고 말했을 것이다. 그런데 예수님은 이렇게 말씀하셨다.

"마르다야 마르다야 네가 많은 일로 염려하고 근심하나 몇 가지만 하든지 혹은 한 가지만이라도 족하니라 마리아는 이 좋은 편을 택하였으니 빼앗기지 아니하리라 하시니라" 눅 10:41-42

마리아는 무엇을 하고 있었는가? 마리아는 예수님의 발아래 앉아 말씀을 듣고 있었다. 마리아는 좋은 것, 즉 예수님 안에 거하는 편을 택했다. 이것이 섬기는 일을 무시한 것인가? 예수님이 마리아와 함께 있다가 마리아에게 목마르다고 속삭였다면, 마리아가 어떻게 반응했을까? 아마 단숨에 일어나 물 한 컵을 가지고 왔을 것이다.

한편 마르다는 예수님이 무슨 말씀을 하셨는지도 알지 못했을 것이다. 마르다는 예수님이 배가 고프지도 않은데 음식을 준비하느라고 바빴거나, 졸립지도 않은데 잠자리를 준비하느라고 바빴을지도 모른다.

거듭 말하지만, 내 말은 섬김의 가치를 약화시키려는 것이 아니라, 진정한 섬김이란 예수님 안에 거할 때 자연스럽게 흘러나온다는 것을 강조하고자 함이다.

우리는 예수님을 위해서 무언가를 하느라 항상 바쁘다. 온갖 봉사활동을 하느라 교회에서도 분주하다. 그러나 예수님을 위한 그 모든 충성스런 섬김에도 불구하고, 우리는 우리의 마음 속에는 여전히 갈급함과 허전함이 남는다. 무언가 빠져 있다. 그것은 우리의 행동이 예수님의 인격에 초점을 맞추지 않기 때문이다. 우리 안에는 생명나무가 없다. 율법적인 삶은 우리에게 끝없이 더 많은 것을 요구하기 때문에, 율법에 따라 사는 한 우리는 결코 만족을 느낄 수가 없다.

그리스도인으로서 항상 무언가를 해야 된다는 생각에 사로잡혀 있다면, 그것은 율법주의다. 은혜는 나에게 스스로 하고 싶다는 소원을 불어넣는 반면, 율법은 결코 만족을 주지 않는다.

율법주의적인 그리스도인은 바람직한 그리스도인으로서의 모습을 행위로 판단하는데, 행위란 언제나 부족한 법이다.

행위를 기준으로 사는 사람은 성경을 하루 두 시간 읽는 사람에게 '하루 24시간 중 겨우 그 정도밖에 읽지 못하느냐'고 말할 것이다. 하루 한 시간 기도하는 사람에게는 '하루 종일 기도할 수 있는데 겨우 한 시간밖에 기도하지 못하느냐'고 말한다. 이들이 전도할 때는 어떻게 하겠는가? 아마 같은 기준으로 사람들에게 다가갈 것이다. 매사에 이렇게 행동하고 말할 것이다. 우리가 율법에 사로잡혀 살아갈 동안은 우리에게 만족함이란 결코 없다.

나는 결혼한 지 23년이 되었다. 그러나 지금까지 한 번도 아내에게 얼마나 입맞춤을 해야 하는지, 네 명의 자녀를 돌보기 위해 몇 시간을 투자해야 하는지 자문하지 않았다. 이런 일들은 사랑을 겉으로 표현하는 행위일 뿐이다. 더 중요한 것은 우리 마음속에 품은 사랑이란 것을 알기 때문이다. 모든 행위는 마음에서 출발해야 한다는 것을 우리는 잘 알고 있다.

마찬가지로 우리가 생명나무에 속한 인생을 살 때, 그분과의 사랑의 관계가 우리에게 거룩한 삶을 살 수 있도록 동기를 부여한다. 은혜는 아무렇게나 행동하며 그저 편하게 사는 것을 의미하는 것이 아니다. 또한 하나님께 마냥 기대어 무책임하게 사는 것도 아니다.

'은혜의 삶'이란 우리가 그분 안에 거하는 삶이다. 그분의 생명이 우리를 통하여 나타나게 하는 것이고 그런 삶이 바로 기적의 삶이다.

하나님은 우리를 통해서 어떤 기적을 행하실까? 한 가지는 분명히 말할 수 있다. 하나님은 우리를 통해서 기적적인 방법으로 자신을 나타내기 원하신다는 것이다. 그것은 현재 어려움을 겪고 있는 직장 동료를 사랑하는 아주 단순한 일일 수도 있고, 세상을 떠들썩하게 할 만한 대단한 일일 수도 있다.

나는 여러분에게 이렇게 도전하고 싶다. 은혜로 충만한 삶을 살기 원한다면, 선악을 알게 하는 나무에서 생명나무로 옮겨 갈 것을 결단하라. 믿음의 발걸음을 내딛어 은혜 안으로 걸어들어 가라. 그러면 예수님의 생명이 당신을 통해 흘러나올 것이다.

"이에 예수께서 제자들에게 이르시되

누구든지 나를 따라오려거든 자기를 부인하고

자기 십자가를 지고 나를 따를 것이니라"_마 16:24

2장 육체의 삶

나는 왜 그리스도인답지 못할까

앞에서 우리는 생명나무를 기준으로 사는 삶과 선악을 알게 하는 나무를 기준으로 사는 삶을 살펴보았다. 이 두 나무는 각각 우리가 믿는 자로서 은혜의 삶과 율법 아래 사는 삶을 살도록 이끈다.

하지만 예수님은 우리가 더욱 선한 삶을 살게 하기 위해서 이 땅에 오신 것이 아니라 우리에게 묶인 율법의 저주에서 속량하시기 위해 오셨다.

예수님은 우리에게 승리와 평강 그리고 기쁨의 삶을 허락하셨지만, 대다수의 사람들은 그것을 경험하지 못한다. 우리가 그리스도인으로서 승리의 삶을 살지 못하는 이유는 무엇인가? 예수님은 우리에게 자신의 생명을 주셨다. 온전한 승리와 기쁨 또한 우리에게 주기를 원하시지 않겠는가? 그렇다면 우리가 어떻게 하면 그리스도인다운 삶을 살 수 있을까?

수년 동안 나는 하나님께 새로운 헌신을 약속하곤 했다. 어떤 동기로 하나님 앞에 헌신했다가 정죄감을 느끼면 다시 새롭게 헌신하고 또 다시 침체에 빠지는, 그런 악순환을 반복했다. 동기가 충만할 때는 하나님을 위해서 무슨 일이든 하겠다는 의지를 불태웠다.

그런데 그렇게 열심을 내다가도 시간이 지나면 언제 열심이었냐는 듯이 쉽게 지치곤 했다. 자족(스스로 만족하는 삶, 즉 하나님이 우리를 통해 행하시는 것이 아니고 우리가 하나님을 위해 사는 것을 말함)하는 마음은 시간이 지나면 반드시 우리를 지치게 만들고 섬기는 마음도 줄게 한다. 때문에 우리는 그렇게 뒤로 물러설 때 죄책감을 느낀다.

'나 같은 사람은 하나님께 쓰임받을 수 없어. 하나님은 나

같이 불성실하고 부족한 사람을 사용하지 않아.' 그러한 속삭임이 끊임없이 들려온다. 침체는 우리를 점점 더 깊고 비참한 구렁텅이로 빠져들게 한다. 이것이 우리에게 찾아오는 영적인 침체다. 급기야 '하나님! 나를 죽여 주세요.' 라고 외치며 가장 밑바닥까지 떨어진다.

그러나 새로운 동기가 생기면 또 다시 하나님 앞에 나아간다. '자! 이제 나는 하나님 앞에서 새로운 삶을 사는 거야.' 라고 다짐하며 하나님을 위해 살 수 있도록 도와달라고 매달린다. 그러고는 처음부터 다시 시작한다.

아마도 대부분의 사람들은 이런 삶을 반복할 것이다. 하지만 그런 삶은 성경에서 말하는 그리스도인다운 삶이 아니다. 반복해서 하나님께 새롭게 헌신하는 삶의 형태는 성경의 가르침이 아니다.

사실 성경 어디에도 우리에게 재헌신을 요구하는 곳은 없다. 예수님은 이것과는 전혀 다른 말씀을 하셨다.

> "이에 예수께서 제자들에게 이르시되 누구든지 나를 따라오려거든 자기를 부인하고 자기 십자가를 지고 나를 따를 것이니라" 마 16:24

예수님은 헌신하라고 하지 않고 '자기를 부인하라' 고 말씀하신다. 그리스도인의 승리의 삶을 방해하는 것은 자족하는 마음이다. 즉 내가 하나님을 위해서 살려고 애쓰는 마음이다.

요한복음에서 아버지를 보여 달라는 빌립에게 예수님은 다음과 같이 말씀하셨다.

> "예수께서 이르시되 빌립아 내가 이렇게 오래 너희와 함께 있으되 네가 나를 알지 못하느냐 나를 본 자는 아버지를 보았거늘 어찌하여 아버지를 보이라 하느냐 내가 아버지 안에 거하고 아버지는 내 안에 계신 것을 네가 믿지 아니하느냐 내가 너희에게 이르는 말은 스스로 하는 것이 아니라 아버지께서 내 안에 계셔서 그의 일을 하시는 것이라"
> 요 14:9-10

이것이 무슨 의미인지 아는가? 우리는 우리 안에 있는 하나님의 생명력으로 살 수 있다는 것을 뜻한다. 하나님을 믿음으로 받아들이면 바로 그 순간 당신 안에 그분이 거하신다. 당신이 그리스도인이라면 당신 안에는 전능하신 하나님이 계신다. 그것은 승리의 삶을 살기에 충분한 힘을 준다.

"예수께서 그들에게 이르시되 내 아버지께서 이제까지 일하시니 나도 일한다 하시매" 요 5:17

예수님은 아침에 일어나 오늘 하루를 하나님께 드리고 그분을 온전히 의지하여 아버지의 생명이 자신을 통해 나타나도록 간구하셨다. 예수님은 매일 그렇게 사셨다.

예수님이 하나님께 전적으로 의지했던 것처럼, 우리도 예수님을 전적으로 의지해야 한다. 예수님을 전적으로 의지한다는 것은 내 의지로 주님을 섬기는 것이 아니라, 우리가 주님께 항복하고 그분의 생명이 우리를 통해 나타나도록 하는 것이다. 이것이 바로 은혜의 삶이다.

이제 본격적으로 '육체의 삶'이 무엇인지 살펴보자. 육체라는 말은 자족하는 마음을 나타내는 성경의 용어다. 그리고 우리가 살면서 각자의 필요를 충족시키기 위해서 스스로 발전시켜 온 기술 혹은 능력을 말한다. 즉, 우리가 자신의 삶을 관리하는 기술이라고 할 수 있다. 그런데 하나님은 이것을 기뻐하지 않으신다. 하나님은 우리의 삶을 예수님에게 온전히 내어 드림으로 예수님의 삶이 우리의 삶이 되기를 원하신다.

예수님에게 우리를 드리면, 예수님이 우리를 통해 살게 된다. 스스로의 능력으로 그리스도인의 삶을 살려고 노력하면, 우리는 결코 성공할 수 없다. 우리가 자신의 노력으로 아무리 열심히 노력한다 할지라도 성공할 수 없다. 나는 그것을 절저히 경험해 본 사람이다. 아마 여러분도 수없이 노력해 보고 수없는 실패를 경험했을 것이다.

스스로 노력하고 애쓰는 것은 정답이 아니다. 우리가 성공적인 삶을 살 수 있는 비결은 하나님을 신뢰하고 전적으로 의지하는 것이다. 그러나 육체는 자신의 삶을 스스로의 능력으로 관리하여 만족할 수 있는 방법을 추구하라고 한다.

성령의 길 : 예수 안에 거할 때 나타나는 길

우리는 자기의 힘으로 죄를 극복하려고 애쓴다. 그리고 옳은 일을 해서 승리하려고 한다. 그것이 하나님을 기쁘시게 한다고 믿기 때문이다. 그러나 하나님은 옳고 그른 것을 구분하는 인간의 기준보다 훨씬 더 높은 차원에 계신다. 바로 그 하나님이 우리가 예수님 안에 거하도록 우리를 부르셨다. 바울은 갈라디아서 5장 16절과 17절에서 두 가지 길, 곧 '육체의 길'과 '성령의 길'이 있다고 말한다.

> "내가 이르노니 너희는 성령을 따라 행하라 그리하면 육체의 욕심을 이루지 아니하리라 육체의 소욕은 성령을 거스르고 성령은 육체를 거스르나니 이 둘이 서로 대적함으로 너희가 원하는 것을 하지 못하게 하려 함이니라" 갈 5:16-17

육체의 길은 자족하는 삶이며 스스로 하나님을 위해서 살려고 애쓰는 삶이다. 한편, 성령의 길은 예수님 안에 거하는 삶이다. 예수님이 나를 통해 사시도록 허락하는 삶이다. 이 두 가지의 차이점이 무엇인가?

성경에는 이 두 가지가 서로 반대 개념으로 사용된다. 우리의 삶에서 승리를 경험할 수 있는 유일한 방법은 우리 의지를 꺾고 그분이 우리를 통해서 나타나시도록 주권을 내어드리는 것이다. 이것은 그저 로보트처럼 하나님이 시키는 대로만 하라는 말이 아니다. 자신을 예수님께 복종시키는 것은 자신의 의지로 하는 것이다.

성경은 우리가 성령님과 동반자가 될 것을 가르친다. 내가 하나님의 영과 동반자가 되어서 능동적으로 삶을 꾸려가도록 가르친다. 무엇이 당신을 움직이게 하는가? 바로 예수님의 생명이다. 그분이 우리를 통해서 그분의 생명을 나타내면, 우리는 육체의 삶이 아니라 성령의 삶, 즉 은혜의 삶을 살게 된다.

많은 그리스도인들이 성령의 삶이 아닌 육체의 삶을 살기 때문에 좌절감을 맛본다. 육체의 삶을 사는 것은 마치 예수님을 믿지 않는 사람이 스스로 열심히 노력해서 천국에 가겠다고 애쓰는 것과 같다.

예수님을 의지하지 않은 채 스스로 노력해서 승리의 삶을 사는 것은 불가능한 일이다. 물론, 은혜의 삶 대신 육체의 삶을 사는 사람도 겉으로는 괜찮아 보일 수 있다. 어떤 시각을 가지고 어떻게 보느냐에 따라 육체는 긍정적일 수도 있고 부정적일 수도 있다.

나는 술에 취하거나 아내를 때리거나 세금을 속여 내며 육체의 삶을 사는 사람에 대해서만 무조건 부정적으로만 생각했다. 그러나 이런 것들은 육체를 표현하는 일부분일 뿐이다. 이러한 부정적인 경우 이외에도 육체의 삶은 겉으로는 아주 좋아 보이는 경우가 많다. 그래서 많은 사람들은 육체의 삶으로 누릴 수 있는 것들을 보다 다양하게 개발하며 산다. 예수님 한 분만으로는 만족을 느끼지 못하기 때문에 순간 순간 세상의 자원에 의지한다. 어떤 사람은 겉으로 보기에 그럴듯한 육체의 삶을 자랑한다. 그러나 그 실상을 성령님이 깨우쳐 주시지 않으면 그것이 얼마나 약하고 허무한 것인지 스스로 깨닫기 힘들다.

사도 바울 역시 육체의 삶을 통해 자랑할 만한 것들이 많았다. 그는 빌립보서 3장에서 이렇게 말했다.

"그러나 나도 육체를 신뢰할 만하며 만일 누구든지 다른 이가 육체를 신뢰할 것이 있는 줄로 생각하면 나는 더욱 그러하리니" 빌 3:4

바울은 '타고난 자원과 능력을 자랑하고 싶은 사람이 있다면 누구든지 자신과 겨뤄 보자'고 말한다. 그러면서 그의 화려한 이력을 소개한다.

"나는 팔일 만에 할례를 받고 이스라엘 족속이요 베냐민 지파요 히브리인 중의 히브리인이요 율법으로는 바리새인이요 열심으로는 교회를 박해하고 율법의 의로는 흠이 없는 자라 그러나 무엇이든지 내게 유익하던 것을 내가 그리스도를 위하여 다 해로 여길뿐더러 또한 모든 것을 해로 여김은 내 주 그리스도 예수를 아는 지식이 가장 고상하기 때문이라 내가 그를 위하여 모든 것을 잃어버리고 배설물로 여김은 그리스도를 얻고" 빌 3:5-8

바울은 종교적으로 탁월하게 보일 수 있는 육체의 자랑거리를 많이 가진 사람이었다. 그것은 좋아 보이기는 하나 여전히 육체에 속한 세상적인 것이다. 하나님이 그에게 육체를 뛰어넘는 놀라운 진리를 가르쳐 주기 전까지, 그가 해 왔던 일들은 '종교 행위'에 불과했다.

이 시대에 살고 있는 우리도 마찬가지다. 많은 사람들은 '스스로의 힘으로 살아가는' 종교를 가지고 있다. 당신이 홀로 자족하는 마음으로 살아간다면, 그 모든 것은 심판의 날에 연기처럼 사라질 것이다. 하지만 믿는 자는 예수님으로부터 생명을 공급받는 삶을 살 수 있다. 이것만이 영속적인 가치를 지닌다. 보통 육체의 삶을 사는 사람은 자신에게 매우 가혹한 사람이다.

그들은 자신이 어떤 일을 얼마나 잘하고 있는지에 관심이 있다. 그렇기 때문에 '나는 하나님을 기쁘시게 할 수 없다'는 끊임없는 정죄감과 좌절감 속에 산다. 육체를 따라 사는 것은 율법을 따라 사는 삶이다. 이렇게 살면 무슨 일을 하더라도 주님을 기쁘시게 할 수 없다. 성경도 '육체로는 하나님을 영광되게 할 수 없다'고 분명히 말했다.

한편 예수님 안에 거하는 법을 배우면 우리가 하는 모든 것이 주님을 기쁘시게 할 수 있다. 왜 그런지 아는가? 우리의 능력을 뛰어넘는 예수님이 우리 안에서 우리 대신 모든 것을 행하시기 때문이다.

내가 소중히 여기는 책에는 21년 동안 모은 책갈피가 여러 개 들어 있다. 다른 사람들에게는 이런 것들이 쓸데없는 것일 수 있다. 그러나 내게는 값으로 따질 수 없을 만큼 귀중하다.

첫 번째 책갈피는 현재 대학을 다니고 있는 아들 앤드류가 여섯 살 때 그린 내 초상화다. 겨우 여섯 살밖에 안 된 아들이 자기 아빠를 위해서 그린 그림이다. 그리고 딸 에이미가 다섯 살 때 쓴 편지도 있다. 그 편지에는 이런 내용이 담겨 있다. '아빠 사랑해요. 나는 아빠가 참 좋아요. 아빠는 최고이고 멋있어요.'

나는 이 편지를 세상 그 무엇과도 바꿀 수 없다. 막내 딸 앰버가 만든 카드도 있다. '아빠 사랑해요. 앰버가!' 아무리 예쁜 카드를 만드는 회사라도 이런 카드는 만들지 못한다.

거기에는 우리 막내 아들이 쓴 장난기 어린 쪽지도 포함된다. '치아 요정에게. 내가 치아를 컵에다 담아 두었는데 누군가 그 컵을 치워버렸어요. 누가 그 컵을 치웠는지 아빠가 좀 가르쳐 주셨으면 좋겠어요.' 쪽지 위쪽에는 이런 내용도 적혀 있었다. '아빠 용돈 좀 주세요.' 이 쪽지를 보고 내가 어떻게 했는지 아는가? 바로 그 치아의 요정인 나는 늘상 주던 1달러 대신 5달러짜리 지폐를 아이에게 주었다.

어떻게 생각하면 이런 것들은 실제로 아무 가치도 없는 종이 조각에 불과할 수 있다. 그러나 내게는 말로 표현할 수 없는 엄청난 가치를 지닌다. 우리 아이들이 나를 사랑하는 마음으로 만든 것이기 때문이다. 초상화를 그렸던 내 아들은 내가 그것을 들고 다니며 이렇게 많은 사람들에게 보여 줄거라고는 상상도 못했을 것이다. 아이는 그저 아빠를 사랑하는 마음으로 그렸을 것이다. 그래서 내게 더욱 값진 선물이다.

육체의 삶을 살아가는 사람들에게 말해 주고 싶은 것이 있다. 그들은 아마 이렇게 생각할지도 모른다. '나는 제대로 하는 게 하나도 없으니까 주님은 날 좋아하지 않을 거야.' 그러나 전혀 그렇지 않다. 당신이 예수 그리스도 안에만 머물러 있다면 하나님은 우리가 하는 모든 일에 감동하실 것이다.

단 한순간이라도 하나님이 당신을 사랑하신다고 생각한 적이 있는가? 그렇다면 그것만으로도 충분하다. 우리 아이들이 나를 사랑하는 마음으로 했던 모든 것은 내 마음에 감동을 주었다. 하물며 당신이 하나님을 사랑하는 마음으로 그분을 위해 무언가를 한다면 하나님은 어떻게 생각하시겠는가? 그것은 하나님의 마음을 너무나 설레게 할 것이다. 믿는 자가 인생에서 승리할 수 있는 비결은 사랑하는 마음으로 주님을 섬기는 것이다. 하나님은 행위로 우리를 판단하지 않으신다. 그분은 우리 마음의 중심을 보신다.

승리의 열쇠는 하나님 한분만 의지하는 것

나는 21년 동안 목회를 하면서 많은 사람들을 만났다. 그들은 매주 교회를 나오면서도 항상 무언가에 목말라 했다. 그 공허함을 채우기 위해 이리저리 쫓아다니고 있었다. 나도 한때 그런 상태에서 벗어나기 위해 하나님을 위한 무언가를 더 해야 한다고 아주 심각하게 생각한 적이 있었다. 그러한 마음은 결국 나를 종교적인 습관에 빠지게 했다.

내가 자란 집안은 '우리가 구원받은 이유는 누군가를 섬기기 위해서'라고 믿었다. 그러나 성경은 그렇게 말하지 않는다. 섬김이란 예수님과 맺은 관계 안에서 자연스럽게 일어나는 것이다. 지금 나는 섬김을 과소평가하려는 것이 아니다. 섬김은 예수님을 사랑할 때 저절로 나타나는 결과라는 것을 말하고 싶은 것이다. 예수님과의 관계 안에서 일어나는 섬김이 아니면 우리가 하는 모든 섬김은 하나님께 아무런 의미가 없다. 즉 무슨 일을 하든지 주님이 주신 사랑이 동기가 되지 않으면 하나님께는 아무런 가치가 없다는 말이다.

계속해서 '내가 무언가를 더 해야만 한다'라고 느낀다면, 우리는 육체적으로 더욱 열심을 내며 하나님이 원하시는 일을 하려고 노력할 것이다. 일단 이것은 긍정적인 육체의 삶이라고는 할 수 있다. 하지만 자족하는 마음으로 아무리 노력해도 승리를 맛볼 수 없게 된다면 결국 우리는 좌절하게 되고 그 결과 마음에 쓴뿌리를 갖게 된다. 누가복음 15장에 두 아들의 이야기가 나온다. 여기서 둘째 아들은 자기 유산을 미리 받아 가지고 집을 떠났다. 그는 허랑방탕한 생활로 자기가 받은 재산을 모두 탕진한 뒤, 거지가 되어 집으로 돌아왔다. 그때 아버지가 그 아들을 어떻게 맞이했는지 우리는 잘 알고 있다.

> "이에 일어나서 아버지께로 돌아가니라 아직도 거리가 먼데 아버지가 그를 보고 측은히 여겨 달려가 목을 안고 입을 맞추니" 눅 15:20

하나님의 사랑을 지금보다 더 많이 받기 위해 우리가 할 수 있는 일은 아무것도 없다.

큰아들이 밭에서 일을 하고 돌아오는데, 집 가까이 이르렀을 때 음악 소리에 맞춰 사람들이 춤추면서 노는 소리가 들렸다. 그는 종에게 무슨 일인지 물어 보았다.

> "대답하되 당신의 동생이 돌아왔으매 당신의 아버지가 건강한 그를 다시 맞아들이게 됨으로 인하여 살진 송아지를 잡았나이다 하니 그가 노

하여 들어가고자 하지 아니하거늘 아버지가 나와서 권한대 아버지께 대답하여 이르되 내가 여러 해 아버지를 섬겨 명을 어김이 없거늘 내게는 염소 새끼라도 주어 나와 내 벗으로 즐기게 하신 일이 없더니 아버지의 살림을 창녀들과 함께 삼켜 버린 이 아들이 돌아오매 이를 위하여 살진 송아지를 잡으셨나이다 아버지가 이르되 얘 너는 항상 나와 함께 있으니 내 것이 다 네 것이로되 이 네 동생은 죽었다가 살아났으며 내가 잃었다가 얻었기로 우리가 즐거워하고 기뻐하는 것이 마땅하다 하니라" 눅 15:27-32

그렇다. 탕자는 아버지로부터 멀리 떠났기 때문에 비참한 삶을 살게 되었다. 하나님과 관계가 멀어지면 우리의 처지도 비참해진다. 이것은 틀림없는 사실이다. 하나님의 자녀임에도 불구하고 그분과 관계가 단절된 채로 살아간다면 비참해질 수밖에 없다.

한편, 큰아들은 오늘날 교회 안에서 주님을 충성스럽게 섬기고 있지만 내면은 비참한 삶을 사는 그리스도인을 상징한다. 큰아들은 자기 스스로 아버지를 위해 무언가를 했다고 생각했다. 그러나 큰아들은 집을 떠나지는 않았지만 탕자와 마찬가지로 아버지를 오해하고 있었다. 큰아들은 아버지에 대해 왜곡된 시각, 즉 '내가 아버지 집에서 여러 해 동안 섬겼고 바른 일만 했기 때문에 아버지는 나를 더 사랑하실 거야'라는 생각을 하고 있었다. 그는 또 주장하기를 '한번도 아버지의 명령을 어긴 적이 없다'라고 생각했다. 그래서 그는 돌아온 탕자에게 동생이라고 부르지도 않았다. 자신은 아버지를 위해서 열심히 일할 때, 동생은 방탕한 생활을 하며 아버지의 돈을 축냈기 때문이다. 그런데 아버지는 탕자를 위해 잔치를 여는 것이 아닌가? 얼마나 억울했을까?

큰아들의 항의에 대해 누가복음 15장에 나오는 아버지의 반응은 우리로 하여금 그분의 지극한 사랑의 마음을 엿볼 수 있게 한다. "얘야! 너는 나와 항상 함께 있으니 내 것이 다 네 것이다. 내가 가진 것이 다 네 것인데 너는 살찐 송아지 몇 마리로 잔치를 배풀었다고 화가 났구나! 네가 송아지를 원하느냐? 저기 들판을 보아라. 수천 마리의 소가 있지 않느냐? 저것들이 다 네 것인 줄 알지 못하느냐?"

하나님은 오늘날 우리에게도 동일한 마음을 품고 계신다. 그분은 자신의 사랑을 표현하기 위해 우리를 향해 마음을 열어

놓고 계시다. 하지만 오늘날 교회 안에도 자신이 하나님께 얼마나 사랑받는 존재인지, 얼마나 용납받는 존재인지 모르고 살아가는 사람들이 너무 많다. 그들은 늘 웃음을 띠며 주님을 열심히 섬기면서도 마음 한구석에는 큰아들처럼 불만이 자리잡고 있다. 이 얼마나 불행한 삶인가!

육체의 삶은 옳은 일을 하는 것에 초점을 맞춘다. 그러나 은혜의 삶은 예수님과 친밀한 관계를 맺는 데 초점을 맞춘다. 예수님을 처음 영접했을 때를 기억해 보라. 그때가 우리 삶의 이정표다. 그런데 우리들은 시간이 지나면서 예수님과의 친밀함을 잊어버렸다. 친밀한 관계를 맺는 대신 규율과 법칙에 얽매이게 되었다. 그래서 우리는 자신의 존재 가치보다 행위에 초점을 두게 되었다. 이정표를 잃어버린 것이다.

탕자가 집에 돌아왔을 때 아버지는 잔치를 베풀었다. 이것이 바로 하나님 나라의 참모습이다. 그러나 율법주의는 잘못된 과거의 행위를 들춰내 꾸짖는다. 누군가 하나님 나라는 축제로 가득하다고 했는데 아주 적절한 표현이다.

은혜는 우리가 하나님과의 관계를 즐기게 하는 반면, 율법주의는 우리가 무엇을 하든지 잘못된 행위를 들춰내고 정죄한다. 율법주의는 항상 잔치를 망치게 한다. 사람들은 보다 영적인 모습으로 성장하기를 원할 때 더 노력하겠다고 말한다. 하지만 우리는 이제 그것이 노력으로 되지 않는다는 것을 안다. 지금까지 우리는 얼마나 많은 노력을 해 왔는가? 얼마나 많이 헌신해 왔는가? 이제 그런 헛된 노력, 즉 자신의 힘으로 살아보려는 노력은 그만두어야 한다. 그리고 더욱 주님을 의지하겠다고 고백해야 한다.

오랫동안 나는 더 노력하는 것이 승리의 열쇠라고 믿어 왔다. 그러나 이제는 안다. 더욱 중요한 열쇠는 하나님 한 분만 의지하는 신뢰라는 것을.

내가 앞에서 언급한 동기부여, 정죄감, 재헌신의 악순환을 기억하는가? 우리는 여기에 너무 지쳐 있다. 이것은 육체로 사는 삶이다. 율법적인 삶의 형태다. 하나님은 우리가 육체를 초월하여 살 수 있는 그리스도의 능력을 우리 안에 주셨다. 그렇다고 죄가 없는 완벽한 삶을 살 수 있는 것은 아니다.

바울이 로마서 7장에서 말한 것처럼, 불행히도 우리 안에는 죄의 법이 있어서 여전히 어리석은 선택을 한다. 그렇기 때문에 우리는 그리스도 안에서 올바른 정체성을 찾아야 한다. 그분 안에서 사는 법을 배워야 한다. 그러면 그분 안에 거하는 삶이 육체에 대하여 승리하는 열쇠라는 것을 발견하게 될 것이다. 그것이 바로 믿음이다. 이러한 믿음이 승리를 가져온다. 이것은 세상을 이기는 믿음이다. 바로 그 믿음이 육체를 이긴다. 그렇다면 육체를 어떻게 끊을 수 있겠는가?

우리의 육체는 마치 문어와도 같다. 문어는 여러 개의 다리가 있는데 육체도 많은 다리가 있다. 질투, 쓴뿌리, 교만 혹은 종교적 행위 등 이 모든 것은 육체를 나타낸다. 우리는 스스로 이런 것들을 잘라내려고 애를 쓴다. 그러나 이것들은 잘라도 다시 자라날 뿐만 아니라 오히려 더 강해진다.

하지만 하나님은 우리에게 육체를 이길 수 있는 그분의 능력을 주셨다. 그것이 무엇인가? 바로 십자가다. 주님은 우리가 승리할 수 있도록 우리에게 십자가를 주셨다. 예수님이 십자가에 달리셨을 때 우리도 함께 못 박혔다. 우리가 할 일은 또다시 결심하고 새롭게 헌신하는 것이 아니라 주님께 이렇게 기도하는 것이다.

"주님! 이제 저는 스스로 애쓰고 노력하는 것에 지쳤습니다. 더 잘

해 보려고 애쓰는 것이 힘이 듭니다. 저 자신의 힘으로 해 보려는 몸부림을 포기하고, 이제는 더 이상 발버둥 치지 않겠습니다. 주님께 두 손 들고 나아갑니다. 저의 모든 삶을 주님께 드립니다. 주님이 제게 하시고자 하는 일이 무엇이든지 행하소서. 그래서 내 육체의 삶을 끊어 주옵소서."

이렇게 기도하고 나서 주님의 음성을 기다리라. 그러면 주님이 우리가 끊지 못하는 모든 육체의 삶에 역사하고 계심을 깨닫게 하실 것이다. 주님 안에 거한다는 것이 무엇인지 점점 알아갈수록 주님은 당신이 승리를 경험할 수 있도록 허락하실 것이다. 더욱더 헌신하는 일에 집중하지 말라. 이미 많이 하지 않았는가! 그리고 별로 소용이 없다는 것도 잘 알지 않는가!

이제 자신을 부인하고 예수님께 당신의 삶을 드려라. 그분의 은혜로 살아라. 그러면 예수님이 당신을 통해 능력의 삶을 사실 것이다.

"내가 진실로 진실로 너희에게 이르노니

한 알의 밀이 땅에 떨어져 죽지 아니하면

한 알 그대로 있고 죽으면 많은 열매를 맺느니라"_요 12:24

3장 깨어진 삶

'육체의 삶'을 지금 끝내라

앞에서 우리는 육체의 삶에 대해 살펴보았다. 성경에서 말하는 육체의 삶이란 자족하는 삶인데, 이것은 예수님이 넘치도록 부어주시는 은혜를 받아들이는 데 가장 큰 장애물이 된다. 예수님은 '믿는 자들은 그 배에서 생수의 강이 흘러 나온다'라고 말씀하셨다. 그 강은 우리 내면의 가장 깊은 곳에서부터 흘러나온다. 그런데 우리 중 많은 사람들이 성경에서 약속한 생수의 강을 경험하지 못하며 산다. 게다가 그것이 얼마나 중요한지조차 모르고 사는 사람도 있다.

그렇다면 성경에 기록된 하나님의 약속에 문제가 있는 것인가? 그렇지 않다. 우리가 생명의 충만함을 경험하지 못하는 이유는 우리에게 문제가 있기 때문이다. 자족하는 마음이 하나님을 영화롭게 하려는 소망과 주님을 갈망하는 마음을 가진 모든 그리스도인에게 문제가 되는 것이다.

나는 하나님이 주시는 진정한 승리를 갈급해하지만 찾지 못한 사람들, 자신의 힘으로 세상을 바꾸려다 실패한 수많은 사람들을 알고 있다. 나 또한 지난 수년 동안 그런 열심을 품었다가 낙심과 좌절을 경험한 사람이다. 마치 영적인 언덕과 골짜기를 오르락내리락하는 것과 같았다. 아마도 많은 그리스도인들이 비슷한 경험을 했을 것이다.

우리가 얼마나 진지하게 주님을 위해 살아가는지는 별로 중요하지 않다. 이때에는 하나님이 우리를 한계 너머까지 인도해 주셔야 한다. 자족의 한계에 부딪쳤을 때에야 비로소 우리는 자신의 육체를 깨닫게 된다. 그러면 하나님은 우리가 잡고 있는 육체의 삶, 즉 스스로의 힘으로 살아가려는 삶을 회개할 수 있도록 인도하신다. 이것은 아담과 하와가 지녔던 근본적인 문제를 해결하는 출발점이기도 하다.

아담과 하와는 하나님 안에 거하는 대신 선악과를 먹었다. 그들이 선악과를 먹었을 때 모든 문제가 시작되었다. 즉 하나님과 분리되어 독립적으로 살아가겠다는 움직임이 시작된 것이다. 바로 그날 이후로 사람들은 하나님으로부터 독립해서 스스로의 힘으로 살아가는 것을 선택했다. 그러나 그것은 자유와 해방이 아닌 좌절과 근심으로 가득한 육체의 삶이 시작된 것이었다.

오늘날의 그리스도인들도 예외는 아니다. 우리는 구원을 받고 그분과 하나가 되었다. 이것은 의심할 여지없이 진리다. 하지만 때때로 우리는 하나님과 떨어져 사는 삶을 선택한다. 성경은 이것을 육체의 삶이라고 말한다.

하나님은 우리로 하여금 어떻게 육체의 삶을 정리하도록 하시는지 살펴볼 것이다. 이 과정을 설명하기 전에 깨어짐이라는 개념을 생각해 보자.

우리가 깨어지는 자리로 나아오기 전까지 하나님은 우리를 온전히 사용하실 수가 없다. 여기에서 깨어진다는 것은 대단히 중요한 의미를 지닌다. 깨어짐과 절대적인 순종은 동전의 양면과 같다. 깨어짐은 우리의 능력을 의지하는 것을 포기할 때 생긴다. 다시 말해 우리 삶을 스스로 주관하려는 의도를 완전히 포기하는 것을 말한다.

한편 절대적인 순종이란 주님께 나를 완전히 맡기는 것을 의미한다. 하나님을 영화롭게 하는 것이라면 어떤 일이든지 내게to me, 나와 함께with me, 내 속에in me 혹은 나를 통해through me 주님이 마음대로 하실 수 있도록 나를 전폭적으로 하나님께 내어드리는 것이다. 하나님은 나를 통해서 어떤 일이든 하실 수 있다. 다시 말해 절대적인 순종이란 내 삶을 하나님께 드려 그분의 뜻대로 사용하실 수 있도록 내어 드리는 것이다. 곧 내가 하나님께 완전히 항복한다는 의미다.

우리가 순종하는 과정은 그리스도의 충만한 생명을 경험하기 위한 필수적인 단계다. 하지만 반드시 고통을 동반하기 때문에 쉽지만은 않다. 우리 안에는 주님께 온전히 의뢰하기 싫어하는 성향이 있다. 손을 들고 하나님께 항복하기 전에 우리는 어떻게든 스스로 살아 보려고 한다. 일단 우리 능력으로 먼저 해 보는 것이다.

어떤 사람이 등산 중에 낭떠러지에서 미끄러져 나뭇가지 하나만 겨우 붙잡고 있다고 생각해 보자. 밑을 내려다보면 까마득

하기만 하고 주변에는 아무도 없다. 그래서 위를 쳐다보면서 소리 지른다. "거기 누구 없어요? 거기 아무도 없냐구요?" 그때 하늘에서 천둥 같은 소리가 난다. "그래 내 아들아! 내가 여기 있단다. 그 나뭇가지를 놓아라. 내가 너를 보호해 주마."라고 하나님이 말씀하신다. 잠시 고민하다가 이 사람은 다시 위를 쳐다보며 "아니, 거기 하나님 말고 진짜 나를 도와 줄 다른 사람은 없어요?" 하고 외친다. 우리는 위급할 때조차 즉각적으로, 그리고 온전히 하나님께 자신을 맡기지 못한다.

"누구든지 자기 목숨을 구원하고자 하면 잃을 것이요 누구든지 나와 복음을 위하여 자기 목숨을 잃으면 구원하리라" 막 8:35

이 말씀에서 목숨을 잃는다는 것은 마지막으로 잡고 있는 나뭇가지에서조차 손을 떼는 것이다. 즉 자신이 기댈 수 있는 것은 모두 버리는 것을 말한다. 그리고 온전히 주님을 의지하는 것을 의미한다. 그때 비로소 그분이 우리를 채워 주신다. 하지만 이렇게 되기까지는 여러 단계를 거쳐야 한다. 하나님은 우리에게 특별한 상황을 허락하셔서 연단시키신다. 그분은 모든 일의 마지막을 아시는 분이기 때문이다.

이 과정에서 하나님은 우리가 자족하는 마음을 내어놓기 원하신다. 그리고 우리가 그 한계를 깨닫고 주님을 신뢰하도록 하신다. 하나님은 우리에게 다가오는 역경을 통해 역사하신다. 고난에 부딪쳤을 때, 스스로 할 수 있다고 믿었던 우리는 쓰라린 실패를 맛보게 된다.

그렇다면 하나님께서 우리에게 시련을 주시는 이유는 무엇일까? 그것은 해결할 수 없는 문제들을 통해 우리가 의지했던 자족하는 마음을 없애는 데 있다. 그렇게 해서 그분만이 우리의 생명인 것을 알게 하신다. 성경 속의 많은 인물들도 이러한 과정 속에서 깨어졌음을 우리는 알고 있지 않은가.

깨어짐, 하나님이 일하시는 도구

하나님이 쓰신 믿음의 사람들은 모두 깨어짐이라는 쓰라린 과정을 겪었다. 하나님의 사람인 모세도 그런 과정을 겪어야만 했다. 깨어짐이라는 자신의 능력에 대한 모든 소망을 포기한 상태를 말한다. 이것은 하나님께 쓰임받기 위해 겪어야만 하는 필수 과정이다. 그렇기 때문에 그 의미를 올바로 이해하는 것은 매우 중요하다.

"내가 진실로 진실로 너희에게 이르노니 한 알의 밀이 땅에 떨어져 죽지 아니하면 한 알 그대로 있고 죽으면 많은 열매를 맺느니라" 요 12:24

예수님은 새로운 생명을 얻기 위해서는 우리가 먼저 죽어야 한다고 말씀하셨다. 땅에 심겨진 씨는 일단 죽어야 한다. 껍질이 벗겨지고 죽어야 그 안에 있는 생명이 움터서 땅 위로 솟아나게 된다. 예수님은 우리 안에 있는 자족하는 마음이 죽어서 생명의 열매를 맺기 원하신다. 그렇게 해야 자신을 의지하는 삶의 방식과 전략을 버리고, 새로운 생명으로 태어날 수 있기 때문이다.

어떤 신화에 피닉스라는 새가 나온다. 이 새는 끊임없이 날아다닌다. 잠시라도 날갯짓을 멈추면 육지로 떨어져 불타버리기 때문이다. 그러던 어느 날 이 새는 육지에 발을 내려놓을 수밖에 없는 상황을 맞았다. 모든 것을 포기할 수밖에 없었다. 그런데 발을 땅에 내려놓고 불에 타 형체가 사라진 바로 그 순간, 놀랍게도 새로운 새로 탄생하여 날아올랐다.

그렇다. 여기가 바로 주님이 우리에게 내려오라고 하시는 자리다. 당신이 예수님을 주인으로 맞이하기 원할 때, 바로 그때가 하나님이 당신을 초청하는 때이다.

많은 그리스도인들이 스스로의 힘으로 살아남기 위해 계속해서 발버둥 치며 날개를 퍼덕인다. 아무리 피곤해도 끊임없이 날고자 한다. 하나님은 이런 우리가 지치고 다쳐서 모든 것을 포기할 때까지 그 자리에서 기다리신다. 우리의 모든 자아가 불타버릴 때까지. 사랑의 하나님이 이런 방법으로 일하시는 이유를 이해할 수 없다고 말하는 사람도 있다. 그러나 하나님은 우리를 사랑하시기 때문에 그런 일이 일어나도록 허락하신다. 즉 우리를 사랑하시기 때문에 오히려 우리가 실망하고 고통을 통과하기까지 우리를 기다리시는 것이다.

하나님은 이스라엘 백성을 애굽에서 구원하시기 위해 모세를 부르셨다. 그는 생애 초반 40년을 애굽의 궁정에서 보냈다. 그곳에서의 40년은 화려한 세월이었다. 이 기간에 그는 자신이 가진 육체의 삶을 가장 눈부시게 발전시켰다고 할 수 있다. 자신의 삶을 관리하고 세상을 헤쳐나가는 기술들을 개발하여 유능한 정치인이 되었다. 그런데 어느 날 하나님은 모세에게 이스라엘 백성을 애굽에서 이끌고 나가는 비전을 보여 주셨다. 하나님이 모세를 편안하고 풍족한 바로의 궁궐에서 메마르고 척박한 광야로 내모신 것이다.

이렇게 해서 모세는 광야에서 40년을 보냈다. 척박한 광야에서 그는 과거의 화려함이라고는 전혀 찾아볼 수 없는 목자의 삶을 살았다. 궁궐의 풍족함을 누리던 삶에서 들판의 궁핍한 삶으로 옮겨졌다. 그는 많은 사람들의 섬김을 받는 자리에서 양들을 돌보는 초라한 목자로 전락했다.

모세에게 광야는 하나님이 인도하시는 새로운 훈련의 장이었다. 이 훈련이 끝날 즈음에 하나님은 모세에게 이스라엘 백성을 애굽에서 이끌고 나오라고 말씀하셨다. 이제 모세는 하나님이 보시기에 준비를 끝낸 것이다. 하나님이 그 안에서 일하실 수 있는 자리까지 모세를 끌어내리신 것이다.

주님이 계속해서 우리로부터 무언가를 빼앗아 가시는 것을 경험해 본 적이 있는가? '이제 또 무엇입니까?' 하면서 의아하게 생각해 본 적이 있는가? 나는 이것이 어떤 것인지 잘 알고 있다. 그때 사람들은 이렇게 생각한다. '하나님은 나를 사랑하시지 않는구나. 하나님은 내 문제에 관심도 없고 나를 도와주시지도 않는구나.' 그러나 이것은 사탄이 주는 거짓말이다. 사실 하나님은 누구보다도 우리에게 관심이 정말 많으시다. 하나님은 우리를 눈동자같이 지키고 계신다. 주무시거나 졸지도 않으시며 우리를 보호하고 계신다.

그러나 하나님은 우리가 상실을 경험하고 그에 따른 고통을 느끼도록 허락하신다. 우리가 스스로 할 수 없다는 것을 깨닫고 자족하는 것을 멈출 때까지 그렇게 하신다. 왜냐하면 우리는 그분이 사랑하는 자녀이기 때문이다.

하나님이 모세에게 행하신 것을 기억하라. 하나님은 광야에서 모세를 찾아와 지팡이를 던지라고 말씀하셨다. 그 지팡이는 모세의 정체성을 나타내는 전부였다. 그것은 목자로서의 능력과 기술을 상징하는 것이었다. 모세에게는 목자로서 타고난 능력도 있었다. 그런데 그 모든 것을 포기하라는 것이었다. 왜냐하면 그러한 육체의 능력은 하나님을 신뢰하지 못하게 하기 때문이다. 우리에게 있어 하나님을 전적으로 신뢰하지 않는 것보다 더 큰 불행은 없다.

하나님은 모세에게 그가 자족하고 신뢰하던 그 지팡이를 버리라고 말씀하셨다. 그것이 오히려 그에게 독이 될 수도 있기 때문이다. 지금까지 전혀 그것을 의식하지 못했던 모세에게 이 사실을 깨닫도록 기회를 주신 것이다. 모세는 이제 자신의 능력을 더 이상 신뢰할 수 없다는 것을 확인하게 되었다.

모세가 하나님의 말씀에 순종하여 지팡이를 과감히 던졌을 때, 그는 지팡이가 뱀이 되는 기적을 체험했다. 하나님은 뱀을 다시 잡으라고 하셨고, 그가 다시 뱀을 잡았을 때 뱀은 지팡이가 되었다.

때때로 하나님은 우리의 기회나 능력을 빼앗아 가신다. 그것은 우리를 사랑하시기 때문에, 우리로 하여금 자족하기를 중단하고 하나님께로 나오게 하기 위한 그분이 내린 특단의 조치다. 그럼으로써 모든 일이 우리의 능력으로 되는 것이 아니라 하나님의 권능으로 된다는 것을 깨닫게 하신다. 출애굽기 4장 20절에 보면, "애굽으로 돌아가는데 모세가 하나님의 지팡이를 손에 잡았더라"고 하는 구절이 나온다. 그날 이후로 그 지팡이는 모세의 손에는 있으나 더 이상 모세의 지팡이가 아니라 하나님이 다스리시는 지팡이가 된 것이다.

하나님은 당신에게서 무엇이든지 가져가실 수 있는 분이다.

하나님은 이런 깨어짐을 통해서 우리가 더 이상 육체의 능력을 신뢰하지 않기를 원하신다. 바로 이것이 우리에게 그러한 과정을 겪게 하는 이유인 것이다. 모세가 광야에서 40년을 지내는 동안 실제로 일어난 사건들을 보며, 우리는 하나님이 일하시는 방법을 알 수 있다.

하나님의 훈련 학교에서 깨달아야 할 것들

하루는 잭이라는 친구가 찾아와서 도저히 이해할 수 없는 일이 자신에게 일어났다고 말했다. 잭은 자신의 모든 삶을 주님께 다 바치면서 열심히 헌신했는데, 왜 점점 상황이 악화되는지 정말 이해할 수 없다고 했다. 나 또한 그런 경험이 있다. 우리가 모든 것을 다 이해할 수는 없다. 그러나 하나님은 우리의 삶에 무슨 일이 일어나고 있는지 알고 계신다. 그분은 모든 것을 알고 계시고 우리를 사랑하신다.

우리는 하나님께 자신을 사용해 달라고 기도한다. 때때로 하나님은 그 기도를 진지하게 받아 주신다. 그리고 우리를 광야로 데려가 훈련시키신다. 하나님은 누군가를 쓰시기 위해서 그 사람을 고통으로 연단시키신다. 삶 가운데 일어나는 여러 가지 사건을 통해 우리의 자족하는 마음에 한계를 보게 하신다. 그래서 하나님이 쓸 수 있도록 이끄신다. 그러나 이런 일이 진행되는 과정은 결코 즐겁지 않다. 갈수록 상황이 더 악화될 때도 있다. 이것은 참으로 고통스러운 과정이며 견뎌내기가 힘들다. 하지만 우리가 하나님께 사용되기 위해서는 필수적으로 거쳐야 할 과정이다. 고통은 반갑지 않지만, 때론 우리의 가장 친한 친구가 되기도 한다.

어느 날 밤, 세 살짜리 막내아들이 한참 자고 있는 나를 깨웠다. 배가 아프다고 뒹굴면서 고통을 호소했지만, 나와 아내는 도대체 무슨 영문인지 알 수 없었다. 곧바로 응급실로 데려가서 검사를 받았다. 진단 결과 장에 문제가 생겼다는 것이다. 방광과 장에 오랫동안 가스가 가득 차 있어서 통증을 느낀다는 것이다. 의사는 당장 관장을 해야 한다고 했다.

치료를 하는 동안 아이는 발버둥을 쳤다. 사방에서 사람들이 아이를 더욱 세게 붙잡았다. 그러자 아이가 소리쳤다. "아빠! 이 사람들 좀 말려줘. 아빠! 나 좀 도와줘!" 치료가 끝나고 나서 아이는 눈물이 가득한 눈으로 나를 쳐다보면서 왜 그 사람들을 막지 않았느냐고 원망하듯 물었다. 세 살밖에 안 된 이 아이에게 어떻게 그 과정을 이해할 수 있도록 일일이 설명해 줄 수 있겠는가! 나는 아이를 안고 같이 눈물을 흘리면서 아빠를 믿으라고 말했다. 그렇게 해야만 나을 수 있다고 말했다.

우리는 살아가면서 주님께 이렇게 말할 때가 있다. "제발, 이 일이 빨리 끝나게 해 주세요!" 당신에게도 이런 경험이 있었는가? 내게 일어난 일이 빨리 끝났으면 하는 경험. 그러나 그런 상황을 허락하시는 하나님은 우리에게 어떤 일이 일어나고 있는지 이미 알고 계신다. 내 아이가 고통을 느끼며 멈춰달라고 소리쳤던 그런 치료가 왜 필요한지 미리 알지 못했다면, 나는 당장 의사들의 응급 처치를 가로막았을 것이다.

하나님은 고통을 지속시켜 자족의 한계에 이르게 하시거나 혹은 다른 목적을 성취하기 원하신다. 많은 사람들은 하나님의 초자연적인 능력을 아무런 대가 없이 경험하기를 원한다. 그러나 그것은 철없는 아이가 하는 기대다. 고통 없이는 아무 일도 일어나지 않는다.

이런 기회를 통해 하나님의 사랑이 더욱 분명해지며, 그러한 고통의 원인을 더욱 명확하게 알게 된다. 모세도 광야에서 인내의 시간을 보냈고, 사도 바울도 광야에서 고통의 시간을 보냈다. 이렇게 그들은 모두 하나님의 훈련 학교를 졸업했다.

> "형제들아 우리가 아시아에서 당한 환난을 너희가 모르기를 원하지 아니하노니 힘에 겹도록 심한 고난을 당하여 살 소망까지 끊어지고 우리는 우리 자신이 사형 선고를 받은 줄 알았으니 이는 우리로 자기를 의지하지 말고 오직 죽은 자를 다시 살리시는 하나님만 의지하게 하심이라" 고후 1:8-9

여기에 왜 하나님이 고통을 허락하시는지에 대한 이유를 설명하고 있다. 바울은 '자신을 의지하지 않도록 하기 위함'이라고 말했다. 만약 당신이 지금 고통 중에 있다면, 이러한 깨어짐은 그리스도의 충만함을 경험할 수 있는 곳으로 가는 문이라는 것을 기억하라.

모세에게 깨어짐은 너무 비참한 것이었다. 그러나 그의 깨어짐은 바로 하나님의 충만함을 경험하기 위해 꼭 필요한 것이었다. 그가 바로의 궁궐에서 보낸 첫 번째 40년은 화려한 삶이었다. 그후 광야에서 보낸 40년은 비참한 삶이었다. 하지만 그의 생애 마지막 40년은 기적의 삶이었다. 하나님은 모세가 자신의 육체에 대한 우월감을 깨지 않고는 궁궐의 삶에서 기적의 삶으로 옮겨갈 수 없다는 것을 아셨다. 그래서 훈련이 필요했다. 변화된 모세가 애굽으로 내려갔을 때, 그는 더 이상 자신의 힘으로 무언가를 하려고 하지 않았을 것이다. 이제는 자신의 힘이 아니라 하나님의 능력으로만 가능하다는 것을 알았기 때문이다.

이것이 바로 주님이 우리에게 깨우쳐 주시고자 하신 것이다. 그러므로 고통이 몰아치더라도 고통 자체에 속지 말라. 우리가 고통에 몸부림칠 때 사탄은 하나님이 우리를 거절하시는 증거라고 속삭일 것이다. 그러나 절대로 그것을 믿지 말라. 빈틈을 보여서는 안 된다. 사탄의 거짓말은 우리를 혼란스럽게 만들어 실족시킬 뿐이다.

정말 이해할 수 없는 상황을 겪을 때 때로는 하나님이 당신에게 왜 이런 고통스러운 일이 생겼는지에 대해 말씀해 주실 수도 있다. 반면에 굳이 그렇게 하지 않으실 수도 있다. 중요한 것은 우리가 그런 모든 상황을 알고 있어야만 하는 것은 아니라는 것이다.

내가 지금 깨어지는 중에 있다면 어떻게 해야 하는가? 이럴 때에는 내가 열심히 노력한다고 해서 어떤 힘이 새롭게 솟아나는 것이 아니다. 그저 하나님이 하시는 일에 자신을 맡기라.

나는 아주 성공한 사업가를 상담한 적이 있었다. 그때 그는 아주 힘든 시간을 보내고 있었다. 나는 하나님이 이 사람에게 바로 그 깨어짐의 과정을 겪게 하신다는 것을 직감했다. 그때까지 그는 자신의 고집을 꺾지 않고 있었는데, 그가 그 고집을 꺾고 욕심을 포기하는 것은 시간 문제처럼 보였다. 막다른 골목에 다다르게 되면 우리는 그제서야 어쩔 수 없다는 것을 인정하고 포기한다. 그런데 그 포기가 바로 주님이 원하시는 것이다.

'이런 문제에 직면하면 나는 어떻게 반응할까?' 라는 생각을 할 때가 있다. 하나님은 사랑이시다. 천하 만물을 다스리시는 하나님은 우리의 개인적인 삶의 세밀한 부분까지 지켜보고 계신다. 우리는 그것을 아주 잘 알고 있으면서도 정작 우리가 정말 힘들 때는 성경말씀을 의심한다. 말씀대로 살아야 할 순간에 오히려 그렇게 하지 못한다. 그러나 만약 당신이 지금 힘든 시간을 보내고 있다면 하나님의 말씀을 굳게 붙잡으라. 그분은 만물을 창조하시고 다스리실 뿐만 아니라 당신을 참으로 사랑하시는 분이다.

많은 사람들은 하나님이 모든 피조 세계를 다스리시는 초월적인 존재라는 사실을 믿지만, 그들 개인적인 삶에 인격적으로 개입하시는 내재적인 존재이기도 하다는 사실은 믿지 않으려 한다. 많은 사람들은 내재적인 하나님을 마치 상자 안에 집어넣고 필요할 때마다 꺼내서, 내가 원하는 것을 요청할 수 있는 존재로 생각한다.

그러나 하나님은 이미 우리가 무엇이 필요한지 알고 계시며 우리에게 그보다 더 좋은 최선의 것을 주고 싶어 하신다. 우리가 원하는 최상의 것을 주심으로 하나님은 우리와 더욱 친밀해지기를 원하신다. 그분이 그렇게 하실 수 있도록, 당신 스스로 붙들고 있는 삶의 짐을 모두 내려놓아라. 그 모든 수고를 주님께 맡겨라.

"하지만 나에게 상처를 준 사람들을 용서할 수 없어요." 이렇게 말하는 사람들이 있다. 물론 이것은 우리에게 아주 중대한 문제다. 하지만 하나님은 우리의 문제를 통해 더 큰 일을 하시는 분이다. 요셉의 형들이 그를 노예로 판 것을 기억하는가? 하나님은 그들에게 나쁜 짓을 하도록 시키지는 않으셨다. 그러나 하나님은 그 모든 일을 그분의 계획 아래 두셨다. 그러고는 결국 형들의 악을 선으로 바꾸셨다.

하나님은 자신의 영광과 인간의 유익을 위해 악을 선으로 바꾸시는 분이다. 자신을 포기하라. 완전히 항복하라. 깨어진 삶이라는 것은 자기 인생을 스스로 주관하려는 모든 시도를 포기하는 것이다. 우리가 하나님께 완전히 항복하는 것은 "주님, 이제 내 힘으로 하겠다며 몸부림치지 않겠습니다. 더 이상 꾀도 부리지도 않겠습니다. 그냥 하나님만 신뢰하겠습니다"라고 말하는 것이다.

"스티브! 나는 너를 원한다"

오늘날 교회 안에는 은혜를 누리며 사는 삶에 대해 알지 못하는 사람들이 많다. 은혜의 삶이란 예수님이 우리의 삶 가운데 임재하시도록 초청하는 삶이다. 그분의 생명이 나를 통해서 나타나시도록 하는 것이다. 우리는 지금까지 은혜 가운데 거하는 삶이 어떤 것인지, 기적의 삶이 왜 중요한지, 어떻게 기적의 삶을 살 것인지를 함께 살펴보았다.

예수님이 우리를 통해서 산다는 것은 도덕적인 삶을 초월해서 사는 것을 말한다. 예수님을 모르는 사람도 도덕적인 삶을 추구한다. 그러나 그리스도인은 그리스도인이 아닌 사람보다 훨씬 더 많은 능력을 가지고, 그것을 누리는 기적의 삶을 살 수 있다. 그러나 육체가 그것을 방해한다. 육체는 자족함을 원한다. 예수님은 우리 삶에 역사하셔서 우리가 자족함을 포기하는 자리로 인도하신다. 이것은 그리스도의 충만한 삶을 경험하는 데 절대적으로 필요한 부분이다.

나는 여덟 살 때 신앙생활을 시작했다. 그동안 나는 할 수 있는 최선의 노력을 다해 예수님을 위한 삶을 살려고 열정을 쏟았다. 그러나 혼신의 힘을 다해 노력하다가도 지쳐서 뒤로 물러서는 일이 많았다. 그럴 때면 정죄감과 죄책감으로 힘들어 하면서 새로운 삶을 살게 해 달라고 예수님께 매달렸다. 그러고는 또 다시 헌신하는 일을 되풀이했다. 이런 악순환을 반복하던 나는 어느 순간 스스로 지쳐버렸다.

그런데 좋은 소식을 들었다. 여기에서 벗어날 길이 있다는 것이다. 우리는 하나님이 모세의 삶을 통해서 어떻게 역사하셨는지, 즉 모세가 어떻게 자족함을 내려놓게 되었는지를 보았다. 모세는 영화와 고난과 기적의 생애를 통해 하나님의 능력을 직접 경험했다.

이처럼 하나님의 쓰임을 받은 사람들의 생애를 살펴보는 것은 매우 흥미롭다. 나는 하나님의 이름이 '스스로 있었던was 자'가 아니라 '스스로 있는is 자'라는 사실이 얼마나 반가운지 모른다. 모세로부터 수천 년이 지난 지금도 우리가 성경에서 만나는 하나님이 여전히 보좌에 앉으셔서 그분의 백성들에게 동일한 일을 행하고 계시다는 사실이 얼마나 나를 기쁘게 하는지 모른다.

하나님이 어느 목사를 깨어짐의 자리로 극적으로 인도하셨던 이야기를 함께 나누고 싶다. 나는 그 사람을 오랫동안 알아 왔고 오랜 세월을 그와 함께 살았다. 예상했겠지만 그 사람은 바로 나다. 오랫동안 나는 나만이 옳고, 내가 최선이라고 생각해 왔다. 그러나 몇 년 전에 주님이 주시는 진리의 말씀을 통해서 나는 깨어졌다. 그리고 모든 부담에서 자유하게 되었다.

나는 여덟 살 때 그리스도인이 되었고 하나님을 사랑하는 믿음의 가정에서 자랐다. 열 살 되던 해에 하나님은 나를 목사로 부르셨다.

교회에서 담임 목사의 설교를 유심히 듣던 여덟 살 소년 시절의 기억이 생생하다. 목사님은 예수님에 대해 말씀하시면서 눈물을 글썽거리셨다. 이것이 여덟 살밖에 안 된 어린 내 마음에 강한 감동을 주었다. 그러면서 예수님을 더욱더 알고 싶다는 강한 열망이 생기게 되었다. 이렇게 성령님은 예수님의 사랑을 가지고 나를 초대하셨다. 그때 나는 목사님께 예수님에 대해 더 알기를 원한다고 말했다. 그 당시에 나는 많은 것을 알지 못했지만 예수님이 나를 사랑하신다는 한 가지 사실만은 분명히 알 수 있었다. 나는 그분을 알고 싶었고, 그분으로부터 구원받고 싶었다. 나는 그분을 나의 구주로 믿었다. 그리고 나의 죄를 용서하시는 그분의 은혜도 경험했다. 열 살 때 다시 목사님의 설교를 들으면서 하나님의 부르심을 깨달았다. 나는 목사님을 찾아가 '주님은 내가 설교하기를 원하시는 것 같다' 라고 말했다.

열여섯 살 때부터 나는 본격적으로 사람들 앞에서 설교를 하기 시작했다. 나는 청년들의 모임에서 첫 설교를 했다. 주님 앞에서 우리의 옛사람을 죽이기 위해 어떻게 해야 하는지, 하나님이 나를 어떤 사람으로 부르셨는지 알기 위해 얼마나 노력해야 하는지를 설교했다. 그 후 나는 이런 내용의 설교를 21년 동안이나 해왔다.

그러던 어느 날, 성경을 읽다가 하나님은 우리가 옛사람을 죽이기 위해서 그렇게 노력하는 것을 원하시지 않는다는 사실을 알게 되었다. 즉 하나님이 이미 우리의 옛사람을 죽이셨다는 것이다. 로마서 6장은 아담 속에 있던 우리의 옛사람이 이미 죽었다는 이야기로 가득하다.

> "우리가 알거니와 우리의 옛 사람이 예수와 함께 십자가에 못 박힌 것은 죄의 몸이 죽어 다시는 우리가 죄에게 종 노릇 하지 아니하려 함이니 이는 죽은 자가 죄에서 벗어나 의롭다 하심을 얻었음이라" 롬 6:6-7

우리의 옛사람은 죽었다. 바울처럼 하나님의 은혜를 말할 때, 나는 그 은혜가 내 삶에 끼친 영향에 대해서 말하지 않을 수 없다.

열여섯 살 때부터 설교를 시작하여 열아홉 살에 목사가 되었다. 열아홉 살에 목사가 된다는 것은 정말 멋진 경험이었다. 나는 사랑이 넘치는 교회를 섬겼고 그 교회의 지도자들은 대부분 65세 이상인 분들이었다. 열아홉 살의 왕성한 청년 목사는 거리에 나가 열심히 복음을 전했다. 내가 너무 젊어서 나이 많은 성도들과 함께 복음을 전하러 가면, 사람들은 그분들을 목사라고 생각했고 나를 교회 청년으로 보기도 했다. 나는 열아홉 살부터 거의 21년 동안 – 지금 내가 하고 있는 은혜의 사역을 하기 전까지 – 그렇게 열심히 살아왔다.

21년 동안 감사하게도 주님은 사랑하고 사랑받을 수 있는 교회를 허락하셨다. 나는 대형 교회 목사는 아니지만 주님은 내가 섬기는 교회를 늘 축복해 주셔서 나로 하여금 목회자로서 충분히 성공했다고 느끼게 하셨다.

나는 목회를 좋아하기 시작했다. 이것이 잘못된 것은 아니다. 그러나 나를 부르신 하나님보다 일 자체를 더 사랑하게 된 것이다. 내 마음에 문제가 생긴 것은 아니었다. 내 마음은 여전히 진지하고 열정적이었다. 그런데 조금씩 내 초점이 바뀌어 갔다. 예수님께 온전히 집중하기보다는 예수님을 섬기는 일에 집중하고 있었다. 이것이 목사에게만 일어나는 일이라고 생각하지는 않는다. 교회를 섬기면서 나는 이런 일이 교회의 구성원들, 특히 평생을 교회에 헌신한 사람들에게 흔히 나타나는 현상임을 알았다.

우리는 예수님보다 예수님을 위한 사역을 더 좋아하는 경향이 있다. 나의 목회 사역에는 스스로 성공했다고 느끼게 만드는 일들이 많았다. 다른 사람들도 내가 성공했다고 생각했을 수 있다. 적어도 어머니와 아내는 그렇게 느꼈다. 나도 그렇게 생각했다. 교회가 놀랍게 성장했고, 내가 자란 동네에서는 큰 성공이었다. 기적적으로 성장하면서 많은 사람들이 세례를 받고 구원을 얻었다. 점점 더 많은 사람들에게 복음을 전하기 시작했고, 새로운 건물을 지을 수밖에 없는 상황에 이르게 되었다. 모든 일이 잘 되고 있다는 느낌이 들었다.

몇 년 뒤 주님은 나를 앨라배마에 있는 한 교회로 부르셨다. 새로 부임한 그 교회는 지금까지와는 전혀 다른 새로운 목회 현장이었다. 그럼에도 성도들과 나는 좋은 관계를 맺었고 교회는 폭발적으로 성장했다. 그로 인해 우리 교회는 세상에 알려졌고 나 역시 사람들로부터 인정을 받게 되었다. 그 지역에서 가장 빠르게 성장하는 교회의 목사로 여러 곳에서 초청을 받아 설교하기 시작했다. 전과는 비교할 수도 없는 많은 사람들에게 세례를 주었다.

잠깐! 여기까지 말하는 동안 내 안에 일종의 경쟁의식이 잠

재되어 있었다는 사실을 감지할 수 있었는가? 그것이 당시 내 모습이었다.

그때 나는 그 도시의 유명한 종교 지도자들에게도 인정을 받았다. 얼마나 마음이 흐뭇했는지 모른다. 사람들은 나를 좋아했고 나도 그분들을 좋아했다. 우리는 모두 선한 사람들이었다. 그런데 문제가 생겼다. 그리고 나는 그 문제가 무엇인지 알아채게 되었다. 좋지 않은 어떤 외부적인 일이 발생한 것은 아니었다. 바로 내 자신에게 문제가 생긴 것이다. 나는 생명을 억지로 쥐어 짜내는 단계에까지 가버렸던 것이다. 이 얼마나 위험한 일인가!

나는 업적과 성취, 즉 목회에서 얻은 성과에만 의미를 두기 시작했다. 이것은 세상에서 성공을 가늠하는 기준이 된다. 어떤 일을 이룸으로써, 무엇이 됨으로써 자신의 정체성을 찾는 것이다. 세상은 이것을 아주 중요하게 생각한다.

내가 섬기던 교회를 통해 주님은 나를 축복하셨다. 주님의 도우심으로 많은 일들이 일어났다. 그런데 그것이 해로운 것은 아니지만 나는 그것을 인생의 전부인 것처럼 생각하기 시작했고, 무언가 특별한 업적을 남기는 사람이 되고자 했다. 나를 통해 이 교회를 세우라는 하나님의 부르심이 있다고 느꼈던 것이다. 부르심이 잘못되었던 것이 아니라 나 스스로의 노력으로 그 모든 일을 해내려고 했던 것이 잘못이었다. 나는 그런 자세로 주님 앞에 서 있었다.

수년 동안 이렇게 교회를 섬기던 어느 날 마침내 애틀랜타의 한 교회로부터 전화를 받았다. 그 교회는 교회 성장에 은사와 능력이 있는 목사를 찾고 있었다. 그때까지 나는 이런 전화를 많이 받았지만 거절했었다. 그런데 그날 이들과 대화를 나누는 동안 하나님이 나를 이곳으로 인도하신다는 느낌을 강하게 받았다. 그리고 몇 달이 지나지 않아 우리 가족은 이삿짐을 싣고 애틀랜타를 향해 달려갔다.

그때까지 나는 교회를 성장시키는 목사로 인정을 받고 있었고 나 또한 자신감에 차 있었기 때문에 큰 기대를 가지고 새로운 교회 사역을 시작했다. 그런데 새로 부임한 교회에서는 그동안 성공적으로 증명된 모든 계획과 프로그램을 적용하고 똑같은 노력을 기울였음에도 불구하고 성과가 나오지 않았다. 성장은커녕 성도 수는 줄어만 갔다. 바로 이때가 내 삶이 깨어지기 시작한 순간이었다.

하나님은 우리를 너무나 사랑하신다. 그분은 우리 스스로의 노력으로 삶을 꾸려나가는 것을 기뻐하지 않으신다. 왜냐하면 우리가 스스로 이끌어 가는 삶의 결말은 파멸이기 때문이다.

그 교회 사람들은 자신들이 성장할 준비가 되어 있다고 말했다. 나 자신도 애틀랜타에서 역량을 발휘할 준비가 되어 있었다. 앨라배마의 작은 마을 출신인 내가 애틀랜타라는 도시에서 하나님의 역사를 바꾸는 일을 할 수 있을 것이라고 기대했다. 그래서 책과 설교집을 비롯해 훌륭한 프로그램을 모두 챙겨서 하나님을 위해 일하러 온 것이었다.

나는 정말 열심히 일했다. 나는 온통 열정으로 가득 차 무슨 일이든 해낼 수 있다고 생각했고 누구보다 자신이 있었다.

그러나 이 교회에서 벌어지는 상황은 나를 너무도 놀라게 했다. 내가 하는 모든 노력에도 불구하고 전혀 아무 일도 일어나지 않았던 것이다. 그것은 내게 너무도 새롭고 이상한 일이었다. 성장하지 않는 교회에서 목회를 한다는 것은 그때까지 생각도 할 수 없었던 일이었다. 이 상황을 어떻게 이해해야 할까? 이런 일을 어떻게 받아들여야 할까?

나는 한동안 뒤로 물러서서 곰곰이 생각해 보았다. 무릎을 꿇고 주님께 기도했다. 그런 다음 내린 결론은, '더욱 힘차게 노력해 보는 것'이었다. 사람들을 모아 놓고 더 열심히 해 보자고 권면했다. 그래서 새로운 프로그램을 시도해보고 이런저런 방법들을 부지런히 시행해보았다. 어떻게 해서든지 무언가를 이루려고 최선을 다했다.

오해하지 않기를 바란다. 내가 이런 말을 한다고 해서 선한 결과를 추구하는 것이 잘못이라는 것은 아니다. 또한 결과를 예측하면서 어떤 일을 하는 것도 잘못은 아니다. 다만 나는 우리 삶에서 결과를 목적으로 삼고 살아가는 것은 삶의 초점이 잘못 맞추어진 것이라고 말하고 싶을 뿐이다.

우리는 초점을 예수님께 두어야 한다. 예수님께 초점을 맞출 때 그분은 우리를 통해서 살게 된다. 그러면 일의 결과는 자연스럽게 나타난다. 그리고 그 결과가 나타나는 때와 장소, 그리고 사람과 일은 다를 수 있다. 그것은 하나님의 뜻에 따라 달라진다.

다시 이야기를 계속하면, 우리의 온갖 노력에도 불구하고 그 교회에서는 아무 일도 일어나지 않았다. 나는 교회의 지도자들을 모아 놓고 이 상황을 설명했다. 우리는 또다시 여러 가지

활동을 계획하기 시작했다. 전국적으로 유명한 강사들을 초청해서 집회를 열었고, 유명한 가수들을 불러서 특별한 행사를 시도했다. 성경공부와 예배 참석 인원을 늘리기 위해서 우리가 할 수 있는 방법은 모두 동원했다. 어떻게 해서라도 사람들을 끌어 모으려고 했던 것이다.

그런데도 결과는 마찬가지였다. 우리의 노력에도 불구하고 교회의 성도 수는 여전히 줄어들고 있었다. 완전히 절망적이었다. 나는 하나님께 도와 달라고 간청했다. 하지만 하나님은 나를 도와주시는 것 같지 않았다. 하나님은 내가 더 약해지기를 원하셨던 것이다. 내가 더욱 더 낮아지고 깨어지기를 원하셨던 것이다. 그제서야 나는 하나님이 다른 더 좋은 계획을 가지고 계신다는 사실을 어렴풋이나마 깨닫기 시작했다.

나를 온전히 내려놓고 깨어진 상태에서 앞으로의 일을 그분께 온전히 맡겼을 때 하나님이 우리 안에서 일하시기 시작했다. 그분은 나를 그렇게 다루어 가셨다. 하나님께 도와 달라고 기도할 때 이것을 기억하라. 그분은 우리를 도와주시지만 결코 우리가 원하는 방법으로 일하시지 않는다.

1990년 10월 6일 밤이었다. 새벽 2시에 나는 교회 사무실에서 무릎을 꿇은 채로 울고 있었다. 이 교회의 목사로서 나는 열심히 일했지만 내가 원했던 대로 일이 이루어지지 않았기 때문에 처참하게 흐느끼고 있었다. 이제 몇 시간이 지나면, 부임 1주년 기념으로 성도들 앞에서 교회 상태에 대한 설교를 해야 한다. 성공이라는 허수아비를 하나 만들어 내거나, 사실 그대로를 말하거나 둘 중 하나를 택해야만 했다. 그러나 내게는 더 이상 꾸며댈 만한 힘도 없었고 또한 사람들에게 있는 그대로를 말할 용기도 없었다. 나는 밤을 새워 울며 기도했다.

그리고 한밤중에 얼굴을 바닥에 댄 채로 화가 나서 하나님께 울부짖었다. "하나님, 도대체 뭐 하시는 거예요? 이게 뭡니까? 지금까지 내가 여러 교회를 얼마나 많이 성장시켰는데, 여기까지 부르셔서 이 지경에 이르게 하시다니 너무 하십니다. 이 교회와 함께 죽으라는 겁니까? 도대체 뭐예요? 나는 당신을 섬기는 데 온 인생을 바쳤습니다. 대체 내게 원하시는 것이 무엇인가요?"라고 화가 나서 따졌다.

그런데 그때 성령님이 내 마음속에 아주 분명하게 말씀하셨다. "스티브! 나는 너를 원한다." 나는 망치로 머리를 얻어맞은 것 같은 충격을 받았다.

나를 비운 그 자리에 그리스도가 오시다

이것은 내게 전혀 새로운 말씀이었다. 나는 주님을 위해 그토록 열심히 많은 일들을 벌이면서 바쁘게 살아왔다. 오직 그분만을 위해서 많은 일을 하면서 달려왔는데, 그분은 그 모든 것보다 오로지 나를 원한다고 말씀하셨다. 나는 무언가를 함으로써 내 정체성을 찾으려 했다. 그것만이 옳고 전부인 줄로 알았다. 나뿐만이 아니라 많은 사람들이 그렇게 살아왔고 또 그렇게 살고 있다. 그러나 성경은 이렇게 말한다.

"또 무엇이 부족한 것처럼 사람의 손으로 섬김을 받으시는 것이 아니니 이는 만민에게 생명과 호흡과 만물을 친히 주시는 이심이라" 행 17:25

만약 하나님께 당신이 필요하다고 생각한다면 그것은 큰 오산이다. 미안하지만 하나님은 당신이 필요하지 않으시다. 다만 하나님은 당신을 원하신다.

하나님이 당신을 필요로 한다고 생각한다면, 잠깐 자신을 돌아보라. 그리고 하나님의 존재에 대해서 생각해 보라. 하나님은 전능하신 분이시다. 만물을 친히 다스리시는 분이시다. 그런 하나님이 당신으로부터 무엇을 필요로 하시겠는가? 단지 그분은 우리를 원하실 뿐이다.

하나님은 우리가 항복하고 그분의 사랑 가운데 나오기를 원하신다. 하나님이 나를 원한다고 말씀하셨던 그날 밤, 나는 몇 주 전에 누군가에게 받았던 종이 쪽지가 생각났다. 그것은 '절대 순종'에 관한 것이었다. 한 쪽 면에는 하나님께 맡겨야 할 일들이 적혀 있었고, 다른 한 쪽 면에는 우리가 권리를 포기해야 할 일들이 적혀 있었다.

나는 그 종이를 꺼내 들고 기도하기 시작했다. 그리고 나를 비우기로 결단했다. 예수님 외에 내가 매달렸던 모든 것을 버리기로 마음먹었다. 나는 과거의 경험, 능력, 배경, 학벌 등에 대한 미련을 깨끗이 버리기로 결단하고, 쪽지 하단에 있는 다음과 같은 기도 문구에 서명했다.

"하나님을 영화롭게 하는 것이라면 내게, 나와 함께, 내 속에 또는 나를 통해 하시고자 원하는 모든 것을 행하소서. 이런 것들이 한 때 내 것이라고 주장했지만, 이제는 당신께 속한 것이며 모두 당신의 지배 아래 있습니다. 나는 하나님의 것입니다. 무엇이든지 당신 뜻대로 하소서!"

그러나 이 기도가 진정으로 의미하는 바를 그 당시에는 제대로 몰랐다. 그때는 절대 순종의 의미를 완전히 이해하지는 못했지만, 그날은 내 삶에 엄청난 전환점이 되었다. 그것은 나중에 차츰 증명되었다. 그날 밤의 사건을 나는 묵상 노트에 이렇게 기록했다.

"오늘 밤 자정과 새벽 두 시 사이에 하나님의 성령이 내 마음에 임하셔서 나를 사로잡고 구속의 은총을 베푸셨다. 자세한 내용을 기록하기에는 너무나 개인적이고 성스러운 사건이다. 나는 과거 18년 동안 전혀 알지 못했던 새로운 은혜를 경험했다. 하나님을 만남으로 내 인생이 바뀌었다. 이런 체험이 나의 에벤에셀이 되기를 원한다."

"사무엘이 돌을 취하여 미스바와 센 사이에 세워 이르되 여호와께서 여기까지 우리를 도우셨다 하고 그 이름을 에벤에셀이라 하니라" 삼상 7:12

그날 밤에 나는 하나님을 위해 스스로 헌신하려고 노력하고 목회에서 성공하기 위해 애쓰는 일에 지쳤다고 고백했다. 나는 이런 삶을 살아가는 것이 너무 힘들다고 솔직하게 말했다. 그래서 이제 그 모든 것을 내려놓고 싶다고 말했다. 오직 하나님만을 신뢰하고 주님께 모든 것을 맡긴다고 말했다. 그리고 주님이 나를 통해 원하는 것을 행하시도록 나의 주권을 내어드렸다. 하나님을 위해서 새로운 계획을 세우고 새로운 프로그램을 만드는 것이 아니라 그저 예수님만을 붙잡고 살겠다고 기도했다.

절대 순종이란 무엇인가? 그것은 예수님 외에는 어떤 것에도 매달리지 않는 삶이다. 그날 밤 내게 주신 하나님의 말씀은 결국 내 일생을 이끄는 말씀이 되었다.

> "내가 그리스도와 그 부활의 권능과 그 고난에 참여함을 알고자 하여 그의 죽으심을 본받아" 빌 3:10

나는 하나님을 신실하게 믿었던 사람이다. 그동안 내가 얼마나 하나님을 사모하고 얼마나 열심히 그분을 섬기려고 했는지 모른다. 진정으로 하나님을 만나고 싶어 했다. 그러나 이 사건이 있은 후부터 그분을 알고 싶은 소망이 더욱 뜨겁게 타올랐다. 주님을 온전히 아는 것이 내 삶에서 무엇보다도 중요한 일이 되었다. 그 이후로 내 마음은 아주 가볍고 편안해졌다. 내 모든 짐을 예수님께 맡겼기 때문이다.

하나님께 절대 순종하는 자리에 가 본 적이 있는가? 예수님을 친밀하게 아는 자리로 나가 본 적이 있는가? 날마다 주님과의 친밀한 관계 안에서 머물렀던 적이 있는가? 그러한 삶이 너무나 중요하다는 것을 온몸과 마음으로 느껴 본 적이 있는가? 예수님이 당신을 통해 살아가는 삶을 경험해 본 적이 있는가?

은혜의 삶에 관한 메시지는 수많은 그리스도인들에게 '복음'이 된다. 너무나 많은 그리스도인들이 율법적인 삶을 살면서 숱한 패배를 경험한다. 율법에 얽매인 삶은 하나님의 뜻이 아니다. 모든 그리스도인은 하나님의 은혜가 흘러넘치는 삶을 살아야 한다. 초대 교회에서 보여 주는 생명력 넘치는 기독교가 오늘날에도 충분히 가능하다고 믿는다. 하나님은 어제나 오늘이나 변함없이 동일한 분이시다. 하나님은 우리의 삶을 그분 자신으로 채우기를 원하신다. 하나님은 우리를 통해 살기를 원하신다.

아마도 그리스도인들은 대개 나처럼 교회에서 어떤 일을 함으로써 정체성을 찾으려고 노력할 것이다. 그러나 하나님의 은혜가 없다면 그 모든 행위는 우리를 공허하게 만들 뿐이다. 당신이 그런 처지에 있다면 이렇게 기도하라.

"나는 나 자신을 비우기를 원합니다. 그 자리를 주님으로 채우기를 원합니다. 주 예수여, 오시옵소서!"

이것이 신약성경의 가장 핵심적인 메시지다. 오늘 예수님이 우리를 통해 사실 수 있도록 결단하지 않겠는가? 그분이 허락하시는 은혜의 삶을 선택하지 않겠는가?

"그런즉 누구든지 그리스도 안에 있으면

새로운 피조물이라

이전 것은 지나갔으니 보라 새 것이 되었도다"_고후 5:17

4장 의로운 삶

당신의 가치는 하나님이 가장 잘 아신다

우리는 그리스도인으로서 거룩한 삶을 살기 원한다. 그럼에도 불구하고 수많은 그리스도인들은 실제로는 거룩이나 경건과 동떨어진 삶을 살고 있다. 이러한 우리의 삶은 선악을 알게 하는 나무에서 비롯되었다.

우리에게 들어온 최초의 거짓말은 창세기 3장에서부터다. 사탄은 하와에게 말한다. "선악과를 먹으면 하나님처럼 될 것이다." 이 말은 어디가 잘못되었는가?

하나님은 아담과 하와를 하나님의 형상대로 지으셨다. 그렇기 때문에 그들은 이미 하나님과 같은 존재였다. 이 최초의 거짓말이 오랜 세월에 걸쳐 오늘날까지 전해지고 있다. 오늘날 유명한 설교자나 강사들이 '이렇게 하면 예수님처럼 될 것이다'라고 하면서 열변을 토한다.

그러나 여기에도 기쁜 소식은 있다. 우리는 이미 예수님과 같은 존재다. 우리는 하나님의 형상대로 지음을 받았다. 예수님처럼 된다는 것은 우리의 행위를 통해서 이루어지는 것이 아니다. 그저 우리가 예수님과 같은 존재라는 사실을 올바로 깨닫기만 하면 된다. 즉, 우리의 정체성을 제대로 찾아 그대로 사는 것이다. 다시 말해 원래 하나님이 의도하셨던 모습을 회복하는 것이다.

오늘날 교회 안에는 자신의 정체성에 대해 혼동하는 사람들이 많다. 그들은 자신이 진정으로 누구인지 알지 못한다. 우리가 누구인지 어떻게 아는가?

어떤 사람은 '내가 생각하는 그 사람이 바로 나'라고 한다. 다른 사람들은 자신보다는 '주변 사람들이 생각하는 그 사람이 바로 나'라고 한다. 또 다른 사람들은 '주변 사람들이 나를 이렇게 생각할 거라고 내가 생각하는 그 사람이 바로 '나'라고 한다. 이런 말은 우리를 혼란스럽게 한다.

내가 지금 정체성의 위기에 빠져 있다고 하자. 나는 내가 누구인지도 모르겠고 그것을 알아낼 여유도 없다. 이럴 때는 하나님의 말씀을 통해 우리가 주님 안에서 누구인지 발견할 수 있다. 하나님이 우리의 정체성을 분명히 밝혀 주실 때 우리는 진정한 자유를 경험하게 된다.

여기에 분명한 진리가 있다. 세상도, 다른 사람도, 심지어 나 자신도 스스로의 가치를 정확히 정할 수 없다. 그것은 하나님이 정하신다. 그것이 가장 정확하며 믿을 만하다.

그리스도인으로서 정확한 정체성을 깨닫게 되면 우리는 삶에서 확실한 승리를 누리게 된다. 나는 지금 성령님이 현 세대의 정체성에 대해 명확하게 계시해 주신다고 믿는다. 그것이 이 마지막 때에 우리를 그리스도 안에서 연합시키는 진리라고 확신한다.

많은 사람들이 주위를 돌아보면서 주변 환경과 사람들을 통해 자신의 정체성을 확인하고 이를 합리화시키려고 한다. 우리는 자신의 정체성을 올바로 깨닫지 못한 상태로 이 세상에 태어났다. 우리가 정체성을 찾고자 귀를 기울일 수 있는 것에는 두 가지가 있다. 그것은 사람의 말을 듣거나 하나님의 말씀을 듣는 것이다. 불행히도 믿음을 가진 사람들을 포함해서 많은 사람들이 자신의 정체성을 하나님의 말씀보다 사람의 말을 통해 찾으려고 한다. 그러나 다른 사람들은 우리의 가치를 온전히 알 수 없다.

예를 들어 반지 하나를 발견했다고 하자. 얼마나 가치 있는 것인가를 알아보기 위해 이모저모 살펴본다. 그리고 그렇게 싸구려는 아니라는 판단을 내린다. 꽤 커다란 다이아몬드가 중간에 박혀 있기 때문이다. 다이아몬드가 박힌 이 반지의 가격은 얼마나 될까? 나름대로 가치를 매겨볼 수도 있고, 여러 사람들의 의견을 들어 볼 수도 있다. 그러나 정확한 값어치를 파악하려면 결국 전문 보석 감정사에게 가져가야 한다.

그렇다면 우리의 가치는 어떻게 알 수 있는가? 세상 사람들의 말을 듣고 알 수 있는가? 아니다. 우리가 믿는 자로서 우리의 값어치를 알고 싶다면, 우리를 직접 만드신 전문가에게 물어보아야 한다. 그분만이 우리의 가치를 아신다. 그분만이 진정한 우리의 값을 매길 수 있다.

우리는 단지 '구원받은 죄인'이 아니다

성경은 우리를 값을 주고 산 사람이라고 표현한다. 하나님이 몸값을 지불하고 우리를 사셨다. 그 몸값이란 과연 무엇인가? 그것은 바로 예수님 자신이다. 그래서 우리는 예수님만큼의 값어치를 가진 사람들이다. 그런데 불행히도 이 사실을 믿지 못하는, 아니, 믿으려고 하지 않는 사람들이 있다.

"내 존재가 그렇게 가치 있다는 느낌이 들지 않아요. 전혀 믿을 수가 없어요. 내가 어떻게 사는지 때때로 어떤 생각을 하는지를 돌이켜 보면, 나는 도저히 그럴 만한 가치가 있는 사람이 아니에요."

그렇다면 우리 모두에게 도움이 되는 진리 하나를 소개하겠다. 이것은 우리의 감정이나 지성이 하나님의 말씀과 일치하지 않을 때 시금석이 될 것이다. 진리는 우리에게 있는 것이 아니라 하나님이 하신 말씀에 있는 것이다. 이 말을 명심하기 바란다. 성경은 하나님이 예수님의 보혈로 우리를 사셨다고 말한다. 우리가 하나님의 보물이라는 것이다. 이처럼 성경은 주님이 생각하시는 우리의 가치에 대해 거듭 언급하고 있다.

"주와 합하는 자는 한 영이니라" 고전 6:17

하나님은 우리와 하나가 되셨다. 그분의 생명이 우리 안에 거하고 우리도 그분 안에서 하나가 된다. 베드로는 우리가 하나님 안에서 하나라는 사실을 "신성한 성품에 참여하는 자"벧후 1:4 라고 표현한다.

신약성경에서 그리스도 안에 있는 사람을 묘사하기 위해 가장 많이 사용되는 단어가 무엇인지 아는가? 바로 성도saint라는 말이다. 우리는 흔히 은혜로 구원받은 죄인이라는 말을 자주 쓴다. 그러나 은혜로 구원받은 죄인이라는 인식만을 가지고 살아간다면 아주 낮은 단계의 삶을 사는 것이다. 왜냐하면 아무도 자신이 생각하는 그 이상의 삶을 살 수 없기 때문이다. 하나님은 신약성경에서 63번이나 우리가 성도라는 사실을 언급하고 있다.

유명한 설교가인 해리 아이언사이드Harry Ironside가 어느 날 가게에서 어떤 사람과 수백 년 전에 살았던 성도saint(성자)에 대해 대화를 나누었다. 그 사람은 그럼 '성도'를 한 번 만나보고 싶다고 했다. "아니 그러면 한 번도 성자를 만난 적이 전혀 없단 말인가요?"

"네, 만난 적이 없어요. 한 번 만나는 게 소원인 걸요."

"정말 만나고 싶으세요?"

"그럼요. 만나고 싶어요."

아이언사이드는 그의 손을 잡고 흔들면서 이렇게 말했다.

"만나서 반가워요. 나는 성도 해리입니다."

그의 말이 맞다. 바울은 자기 편지의 수신자를 "그리스도 예수 안에서 거룩하여지고 성도라 부르심을 받은 자"고전 1:2라고 묘사한다. 고린도교회를 생각해 보라. 이 사람들이 성자의 삶을 살았는가? 그렇지 않을 때가 더 많았다. 그 교회에서 발생한 문제들을 생각해 보라. 누가 제일 설교를 잘 하는지에 대해서 분열이 일어났고 부도덕하고 말다툼과 논쟁이 끊이지 않았으며 술취함까지도 있었다. 그러나 바울은 편지에 그 사람들을 성도라고 칭하고 있다. 그들의 정체성을 명확하게 밝혀 주고 그런 다음에 성도답게 살아가라고 말했다.

그런데 우리는 반대로 한다. 의롭게 되기 위해서 어떤 특정한 방식으로 살려고 노력한다. 하지만 성경은 우리가 '의로운 신분'으로 변화되었기 때문에 의로운 정체성을 가지고 살라고 분명히 말한다. 성경은 우리를 누구라고 하는가?

"우리는 그가 만드신 바라 그리스도 예수 안에서 선한 일을 위하여 지으심을 받은 자니 이 일은 하나님이 전에 예비하사 우리로 그 가운데서 행하게 하려 하심이니라" 엡 2:10

우리는 바로 하나님의 걸작품이다. 성경은 우리가 하나님의 예술 작품이라고 말한다. 우리는 하나님의 멋있는 예술 작품이다. 하나님은 우리를 그의 형상대로 만드셨다. 아담 속에 있었던 옛사람은 이미 죽었고 이제 새로운 창조물이 된 것이다.

"그런즉 누구든지 그리스도 안에 있으면 새로운 피조물이라 이전 것은 지나갔으니 보라 새 것이 되었도다" 고후 5:17

이제 당신은 의롭다

우리는 더 이상 죄로 얼룩진 과거의 잡동사니가 아니다. 구원받기 전의 망가진 모습이 아니라 하나님이 새롭게 만드신 예술 작품이다. 혹자는 믿기 어렵다고 할지도 모르겠다. 그럼 여기서 질문을 하나 하겠다. 우리는 자신이 느끼는 대로 살아야 하는가? 아니면 하나님의 말씀대로 살아야 하는가? 우리가 선택을 내릴 때 참고가 될 만한 성경구절이 여기 있다.

"너희는 너희가 하나님의 성전인 것과 하나님의 성령이 너희 안에 계시는 것을 알지 못하느냐 누구든지 하나님의 성전을 더럽히면 하나님이 그 사람을 멸하시리라 하나님의 성전은 거룩하니 너희도 그러하니라" 고전 3:16-17

마지막 구절을 보라. "하나님의 성전은 거룩하니 너희도 그러하니라." 우리가 느끼는 감정과는 상관없이 그것은 사실이다. 이 진리를 선포하라. '나는 거룩하다'라고 크게 외치라. 이 말에 얼마나 커다란 능력이 있는지 아는가? 하나님의 말씀에 엄청난 능력이 있듯이 우리의 말에도 능력이 있다. 그냥 단순히 믿고 말하라. 그러면 그 믿음대로 될 것이다!

성경에서 요구하는 어떤 일을 해야만 거룩해질 수 있다고 생각하는 사람들이 많다. 하지만 우리는 이미 거룩한 사람들이다. 그렇다고 우리가 항상 거룩한 생활을 하는 것은 아니다. 우리가 이미 거룩한 존재임에도 불구하고 우리를 넘어지게 하는 것들은 수도 없이 많다. 우리의 존재와 행위가 항상 일치하는 것은 아니다. '우리가 누구인가'와 '우리가 하는 일'은 얼마든지 다를 수 있다.

그러나 우리는 거룩하다. 승리의 열쇠가 여기에 있다. 우리는 이미 그리스도 안에서 거룩하다. 그 거룩함은 이제 우리의 것이다. 문제는 그 거룩함을 삶에서 얼마나 적절하게 나타내느냐 하는 것이다. 고린도전서 6장 17절에서 사도 바울은 '주와 합하는 자는 한 영'이라고 하였다. 베드로후서 1장 3절에서 베드로는 '그의 신기한 능력으로 생명과 경건에 속한 모든 것을 우리에게 주셨으니'라고 말했다.

구원을 받기 전에 우리 안에는 아담의 후손이 가지고 있는 죄의 본성이 있었다. 본성의 사전적 의미는 '근본적인 특성'이다. 그리스도가 오기 전에 우리의 본성은 죄로 가득했다. 그러나 예수님이 우리를 구원하셨을 때, 그분이 우리 안에 들어오셔서 그분의 본성을 주셨다. 우리의 본성은 이제 죄에서 의로움으로 바뀌었다. 그렇기 때문에 우리가 죄를 지으면 갈등하는 것이다. 우리의 본성을 거슬려서 행동하기 때문에 갈등이 생기는 것이다. 의로운 자로서 의롭게 사는 것은 우리가 새로 얻은 우리의 본성을 따라 사는 자연스러운 삶이다.

종종 사람들이 이런 말을 한다. "나는 거룩하지 않아요. 내 안에 있는 그리스도가 거룩할 뿐이에요." 이럴 때 내가 즐겨 사용하는 예화가 있다.

내 아내는 '스위트 차'를 즐겨 만든다. 주전자에 물을 가득 붓고 차를 넣은 주머니를 넣어 끓인 다음 물이 뜨거울 때 설탕을 두 컵 넣는다. 이렇게 하면 설탕이 차와 함께 섞여 달콤한 스위트 차가 된다. 이때 '스위트 차가 달콤한 것이 아니고 그 안에 있는 설탕이 달콤하다'고 말하는 사람이 있다면, 우리는 그것을 어떻게 받아들여야 할까?

나는 그 말에 동의할 수가 없다. 차 속의 설탕이 달콤한 것이 아니고 차가 달콤한 것이다. 설탕이 차 속에 녹아들었을 때 설탕의 생명이 차 속으로 들어간 것이다. 그래서 차와 설탕은 이제 분리될 수 없다. 화학을 공부하는 친구가 설탕과 차에는 각각 다른 화학적인 성분이 있는데, 이렇게 함께 섞이면 완전히 다른 화학 구조를 갖게 된다고 알려 주었다. 다시 말하면 이것은 물리적인 혼합이 아니라 화학적인 반응이다. 그래서 우리는 그것을 설탕과 차의 혼합물이라고 하지 않고 '스위트 차'라는 전혀 다른 이름으로 부르는 것이다.

예수님과 우리의 관계도 마찬가지다. 바로 이런 일이 우리에게 일어났다. 우리가 예수님을 믿을 때 예수님이 우리 안에 들어오신다. 예수님의 생명이 우리 안에 임재 하는 것이다. 그분이 우리를 충만하게 한다. 그래서 우리는 완전히 새로운 피조물이 되는 것이다. 우리는 그리스도로 말미암아 의인이 되었다. 더 이상 그리스도와 분리된 존재로 살아가는 것이 아니라 그리스도와 합하여 '한 영이 된 존재'로 살아가는 것이다.

그리스도 안에 있는 새로운 피조물로서 우리는 거룩한 '의인'이다. 또 다른 말씀을 살펴보자. 성경말씀을 인용하는 것은 이것이 내 생각이 아니라 성경에 근거한 것임을 보여 주기 위해서다.

"한 사람이 순종하지 아니함으로 많은 사람이 죄인 된 것 같이 한 사람이 순종하심으로 많은 사람이 의인이 되리라" 롬 5:19

우리는 아담 안에서 실제로 죄인이 되었는가? 그렇다. 우리는 상징적이거나 명목적인 죄인이 아니라 실제적인 죄인이었다. 그러나 그리스도 안에서 우리는 문자 그대로 의인이 되었다. 하나님은 더러운 집에 거하지 않으신다. 그분은 우리 안에 거할 수 있도록 우리를 새롭게 하셨다. 그분께서 우리를 새로운 피조물, 즉 의인으로 만드셨다. 그분은 거룩한 전에 거하셔야 하기 때문이다. 그러므로 우리는 이제 더 이상 죄인이 아니라 의인으로 살아가야 한다.

구원받지 않은 사람들에게 죄악으로 가득한 인간의 본성에 대해서 이야기할 수는 있다. 그러나 성령님의 도움이 없다면 그들이 진정으로 거룩한 삶을 살고 있지 못하다는 사실을 납득시킬 수 없다.

마찬가지로 전형적인 그리스도인들과 이야기하더라도 성령님의 도움 없이는 그들의 의로움을 믿게 할 수 없다. 믿지 않는 사람들은 자신이 그렇게 나쁜 사람이 아니라고 말한다. 믿는 사람은 스스로 그렇게 좋은 사람이 아니라고 생각한다. 성경은 이러한 인간의 이중적인 정체성에 대해 분명히 말한다. 성령님은 우리가 이 진리를 깨달을 수 있도록 도우신다.

"그가 와서 죄에 대하여, 의에 대하여, 심판에 대하여 세상을 책망하시리라" 요 16:8

어려서부터 신앙생활을 하면서 자라 온 대부분의 그리스도인들은 죄에 대한 성령님의 책망이 무엇인지를 잘 알고 있다. 내가 그런 그리스도인들을 위해 기도하는 것은 성령님의 도우심으로 모든 그리스도인들이 자신 안에 있는 의로움을 깨닫기를 바라기 때문이다. 우리 문화에서는 죄를 깨달으면 그것을 고백하는 것이 상식이다.

마찬가지로 성령님이 우리의 의로운 신분을 깨닫게 하실 때에도 역시 그 사실을 고백해야 한다. 예수님 안에 있는 형제자매를 만나 성령님이 깨닫게 하신 우리의 의로움에 대해, 어떻게 예수님이 당신을 새로운 피조물로 만드셨는지에 대해 나누라.

느낌이 아닌, 우리의 최종 권위를 의지하라

우리가 의로운 존재라는 사실이 믿기 어려운 이유는 스스로 자신의 행동을 보기 때문이다. 그리스도 안에서 우리가 의인이라는 것은 명백한 진리다. 이 진리를 이해하기 위해 구약에 나오는 롯을 생각해 보자. 그는 아브라함의 부유한 조카였다. 시간이 지나면서 그들의 목자가 서로 다투자 아브라함은 롯에게 자기의 영토를 정하고 그의 길로 가게 한다.

그러자 롯은 소돔이 있는 동쪽을 택했다장 13:10-11. 롯은 소돔의 문화에 휩쓸려 들어간 것이다. 그 타락의 정도는 말로 다 할 수 없을 지경이었다. 창세기 19장 후반부를 보라. 롯의 두 딸이 아비를 술에 취하여 잠들게 한 후에 그로 말미암아 잉태하게 된다. 이런 사실을 보면서 우리는 롯을 어떤 사람이라고 말할 수 있을까?

그런데 소돔과 고모라 성을 멸망시킬 때 하나님은 롯에게 이 성을 떠나야 한다고 말씀하신 것을 기억하는가? 우리의 생각과는 다르게 하나님이 롯을 어떻게 보시는지 알고 싶은가?

"무법한 자들의 음란한 행실로 말미암아 고통 당하는 의로운 롯을 건지셨으니 (이는 이 의인이 그들 중에 거하여 날마다 저 불법한 행실을 보고 들음으로 그 의로운 심령이 상함이라)" 벧후 2:7-8

하나님께서 그를 향해 의인이라는 말을 몇 번이나 사용했는지 보라. 당신은 과연 롯이 의인이라고 생각하는가? 나는 롯의 행위를 보았기 때문에 롯을 의인이라고 생각하지 않았다. 그러나 하나님은 롯의 마음을 보셨기에 그를 의인이라고 칭하셨다. 나는 지금 행실이 중요하지 않다고 말하는 것이 아니다. 우리가 천국에 가서 롯을 만나 그의 행위에 대해 물어보면 그는 아마 당황해할 것이다. 그는 자신이 제정신이 아니었다고 말할 수도 있다.

우리는 예수님이 오셔서 우리를 새로운 피조물로 만드시고 우리의 신분을 의로운 존재로 회복하신 시대에 살고 있다. 우리가 실제로 의로운 삶을 향유하려면 새로운 피조물로서 의로운 신분이 되었다는 것을 받아들여야 한다. 의는 하나님이 예수님을 통해 우리에게 보내 주신 선물이다.

"한 사람의 범죄로 말미암아 사망이 그 한 사람을 통하여 왕 노릇 하였은즉 더욱 은혜와 의의 선물을 넘치게 받는 자들은 한 분 예수 그리스도를 통하여 생명 안에서 왕 노릇 하리로다" 롬 5:17

예수님으로 인한 의는 우리가 노력해서 얻은 것이 아니라

거저 받은 선물이다. 우리가 애쓰고 노력해서 획득한 것이 아니고 그분을 믿음으로 인해 값없이 얻은 것이다. 사실 구원받지 못한 사람이 그리스도인이 되기 위해 필요한 것은 단순히 예수님을 믿기만 하면 되는 것이다. 그러나 많은 그리스도인들은 아직도 우리가 의로워지기 위해서 더 열심히 노력해야 한다고 생각한다. 그것이 바로 에덴동산에서 사탄이 하와에게 말한 최초의 거짓말이다.

"이렇게 하면 당신은 하나님과 같이 될 것이다." 많은 그리스도인들이 이렇게 하면 하나님과 같이 된다는 생각에 사로잡혀 있다. 그러나 우리는 이미 하나님과 같이 된 사람들이다. 그리스도 안에서 우리의 정체성을 인정하고, 그분 안에서 의로운 사람이 된 그리스도인이다. 이제 우리에게 주신 신적인 능력을 받아들이고 의로운 성도로 살아가는 것이 우리가 할 일이다. 그것이 은혜로 사는 길이다.

하지만 이것이 행위로 의로워지는 것이 아니기 때문에 선한 일을 안 해도 된다는 의미는 아니다. 바울은 에베소서 2장 10절에서 우리를 두고 "그리스도 예수 안에서 선한 일을 위하여 지으심을 받은 자"라고 말했다. 하나님이 그 일을 예정하셨으므로 우리는 선한 일을 해야 한다. 하나님은 우리를 예수님 안에서 재창조하셨고 우리를 통해서 그리스도의 생명을 나타내신다. 이때 선한 일은 우리의 본성으로부터 자연스럽게 흘러나오는 부산물이다.

의로운 삶을 살기 위해 우리는 무엇을 해야 하는가? 우리가 할 수 있는 유일한 것은 하나님의 말씀을 믿는 것이다. 그분이 말씀하신 대로 우리가 거룩한 성도이며 그분의 작품이라는 사실을 받아들이는 것이다. 에베소서 4장 24절에서 하나님의 형상을 따른 우리에게 "의와 진리의 거룩함으로 지으심을 받은 새 사람을 입으라"고 말씀하신다.

혹자는 '그건 내가 자랄 때 듣던 이야기와 다르다'고 할 것이다. 물론 이것은 내가 오랫동안 들었던 것과도 모순된다. 하지만 우리가 살아가면서 최종적으로 믿어야 하는 것은 무엇인가? 전통인가, 경험인가, 느낌인가 아니면 절대적인 하나님의 말씀인가?

하나님은 분명히 우리가 의롭다고 하셨다. 믿음으로 그것을 소유하라. 오늘 예수님의 의를 내 것으로 취하라. 예수님 안에 거하며 예수님의 생명이 나를 통해 표현될 것을 신뢰하라. 하나님이 말씀하신 것을 믿는다고 고백하고 예수님의 생명을 내 것으로 취하라. 자신의 느낌과 직관에 의지하지 말고 예수님이 나를 통해 살 수 있도록 은혜의 발걸음을 내딛어라.

"그런즉 어찌하리요 우리가 법 아래에 있지 아니하고

은혜 아래에 있으니 죄를 지으리요 그럴 수 없느니라

너희 자신을 종으로 내주어 누구에게 순종하든지

그 순종함을 받는 자의 종이 되는 줄을 너희가 알지 못하느냐

혹은 죄의 종으로 사망에 이르고 혹은 순종의 종으로 의에 이르느니라

하나님께 감사하리로다 너희가 본래 죄의 종이더니 너희에게 전하여 준 바

교훈의 본을 마음으로 순종하여 죄로부터 해방되어

의에게 종이 되었느니라" _롬 6:15-18

5장 자유의 삶

반쪽짜리 복음에서 탈출하기

　대부분의 그리스도인들이 알고 있는 은혜는 구원과 관련 있다. 예수 그리스도의 공로로 우리가 값없이 받은 하나님의 구원이 바로 은혜다. 이 구원을 얻기 위해 우리가 한 일은 아무것도 없다. 그렇기 때문에 값없이 받았다는 말을 한다. 불행히도 많은 그리스도인들은 이처럼 믿지 않는 이들에게 임한 은혜는 알면서 정작 "믿는 자에게 임한 은혜"에 대해서는 잘 모른다.
　나도 오랫동안 진정한 은혜가 어떤 것인지 이해하지 못했다. 은혜란 예수 그리스도의 생명을 덧입는 것을 의미한다. 그분이 우리를 통해서 나타나도록 자신을 내어 드리는 것이다.

기독교는 예수님과 친밀하게 지내며 그분이 나와 하나됨을 믿는 종교다. 이제까지 우리는 말씀을 통해 하나님께서 어떻게 예수님의 인격 안에 의로움을 부여하셨는지 살펴보았다. 우리가 거듭나야만 우리의 본질은 변할 수 있다.

구원받기 전에 우리는 죄의 본성을 지녔다. 죄가 우리 영에 가득 차 있었다. 그것이 우리의 본성이었으므로 우리는 어쩔 수 없이 죄를 지었다. 그러나 하나님은 구원의 역사를 통해 아담 안에 있는 우리의 죄악된 본성을 예수님과 함께 십자가에 못 박았고 그분과 함께 십자가에서 처형당하도록 하셨다. 그러므로 우리의 옛사람은 죽었다. 바울은 이렇게 말한다.

"내가 그리스도와 함께 십자가에 못 박혔나니 그런즉 이제는 내가 사는 것이 아니요" 갈 2:20

이 말은 이 세상에서 우리가 더 이상 죄를 짓지 않게 되었다는 것을 의미하지는 않는다. 바울이 로마서 7장에서 말한 것처럼, 우리 몸에는 아직도 죄의 영향력이 남아 있다.

"만일 내가 원하지 아니하는 그것을 하면 이를 행하는 자는 내가 아니요 내 속에 거하는 죄니라, 그러므로 내가 한 법을 깨달았노니 곧 선을 행하기 원하는 나에게 악이 함께 있는 것이로다" 롬 7:20-21

때때로 우리는 하나님의 능력이 아닌 육체의 능력을 의지하는 것을 선택한다. 그런데 예수님과 분리되어 스스로 살아가는 것을 선택하는 즉시 죄를 짓게 된다.

사람들은 죄를 극복하고 육체의 삶을 뛰어넘기 위해 다양한 노력을 한다. 그런데 이 가운데 종종 잘못된 접근을 하기도 한다. 그리스도인들이 승리를 위해 애쓰는 가장 흔한 방법은 하나님의 명령을 자기 힘으로 지키려는 것이다. 그들은 율법을 지키려고 애를 쓴다. 그러나 성경은 우리가 이제 그런 율법과는 상관이 없다는 것을 강조하고 있다는 사실을 아는가?

우리의 삶은 더 이상 율법에 뿌리를 두고 있지 않다. 우리에게는 믿음이 있기 때문이다. 율법은 구원받지 못한 사람들을 위한 것이다. 우리는 구원을 받았기 때문에 율법이 아닌 예수 그리스도와의 관계 자체에 초점을 맞추어야 한다. 우리가 예수님 안에 거하고 예수님의 생명이 우리를 통해 나타나면 우리는 의로운 삶을 살게 된다. 율법에 얽매이지 않아도 하나님의 뜻을 실행하며 살게 된다.

율법주의자는 율법을 지킴으로써 영적 성장을 이루려고 하는데, 이것은 진정으로 구원받지 못한 사람들이 하는 일이다. 행위로 그리스도인이 되려는 사람은 모두 율법주의자다. 이미 그리스도인이 된 사람이 율법적으로 사는 것이 가능한 일일까? 물론 가능하다. 이런 사람들은 자신의 행위로 하나님의 복을 얻으려 하고 영적으로 성장하려고 한다. 많은 그리스도인들이 이런 삶을 살고 있다. 살아가면서 절대 실수하지 않으려고 하는 것은 율법적인 삶의 양식이다. 다음은 모세가 시내산에서 율법을 받은 직후에 하나님이 하신 말씀이다.

"세계가 다 내게 속하였나니 너희가 내 말을 잘 듣고 내 언약을 지키면 너희는 모든 민족 중에서 내 소유가 되겠고" 출 19:5

이것이 하나님이 주신 율법의 본질이다. 곧 율법을 따라 살면 복을 받게 된다는 것이다. 이러한 사상과 신앙이 구약 시대를 지배하는 삶의 원리였다. 그러나 이제 우리는 '율법의 시대'가 아니라 '은혜의 시대'에 살고 있다. 우리와 하나님을 구분하던 휘장이 찢어진 시대에 살고 있다. 하나님은 그분의 생명을 우리에게 주셨기 때문에, 우리는 전혀 다른 시대를 살고 있다. 예수님을 믿음으로 은혜 속에서 살고 있는 것이다. 에스겔은 율법을 지키는 삶과는 다른, 앞으로 오게 될 '은혜의 시대'를 예언한다.

"또 새 영을 너희 속에 두고 새 마음을 너희에게 주되 너희 육신에서 굳은 마음을 제거하고 부드러운 마음을 줄 것이며 또 내 영을 너희 속에 두어 너희로 내 율례를 행하게 하리니 너희가 내 규례를 지켜 행할지라" 겔 36:26-27

에스겔은 하나님이 새로운 언약을 주시는 날이 도래할 것이라고 말하고 있다. 이것은 은혜의 언약이다. 옛 언약에서는 하나님의 말씀을 지키려는 행위의 노력이 필요했다. 새 언약에서는 하나님이 우리에게 새로운 마음을 주신다고 말씀하신다. 그래서 이때부터 하나님을 향한 소망은 우리의 삶을 의미 있게 만드는 원동력이 되었다.

"너희로 내 율례를 행하게 하리니"라는 말씀에 주목하라. 소망과 사랑이 삶의 원동력이다. 예수님이 우리 안에 계실 때 주님을 사랑하는 마음이 우리를 움직이는 원동력이 된다. 우리가 은혜로 사는지 율법으로 사는지 확실하지 않다면, 우리의 삶을 움직이는 동기가 무엇인지 생각해 보라. 의무감으로 하는가? 소망으로 하는가? 삶이 이것저것을 해야 한다는 생각으로 가득 차 있다면, 우리는 율법으로 사는 것이다.

나도 한때는 율법에 얽매이는 삶을 살았다. 지속적으로 어떤 일들을 해야만 했다. 그러나 믿는 자를 향한 하나님의 은혜를 깨달으면서 진정으로 의로운 삶을 맛볼 수 있게 되었다. 은혜를 이해한 후로 거룩한 삶을 살 수 있게 되었다.

우리가 율법 아래서 살게 되면 항상 만족할 수 없는 삶을 살게 된다. 우리의 삶 가운데 율법주의적인 경향이 있다면 늘 마음 한구석에 무언가 잘못되었다는 느낌을 받으며 그리스도인의 권리인 참 기쁨을 누리지 못한다.

우리 아이가 다섯 살 때 신발을 사러 간 적이 있었다. 아이는 가게에서 여러가지 신발을 신어보고 마침내 마음에 드는 신발을 골랐다. 아이에게 신발이 잘 맞냐고 물어보았더니 잘 맞는다고 대답했다. 신발 끝을 한번 눌러 보았더니 괜찮은 것 같았다. 그런데 며칠 후 아이가 발이 아프다고 불평을 했다. 그래서 아내가 신발 끝을 만져 보더니 신발이 발에 너무 꽉 낀다는 것이다. 아내는 마치 자기가 신발을 사러 갔어야 했다는 표정으로 나를 쳐다보았다. 아이는 신발을 살 때 발가락 끝을 오므린 상태로 맞다는 시늉을 했기 때문에 그 당시에 나는 신발이 작다는 것을 알지 못했던 것이다.

그렇다. 이것은 그리스도인으로서 율법에 따라 살려는 삶이 얼마나 불편하고 아픈 것인지를 잘 알려주는 이야기이다. 만약 우리가 율법 아래 산다면, 우리는 언제나 맞지 않는 신발을 신은 것처럼 불편함을 느낄 것이다. 때로는 발가락을 오므리면서까지 그 신발에 맞추려고 애를 쓸 것이다.

이런 어처구니없는 상황 속에서 이 세상에 빛이 들어왔다. 우리도 그 빛을 받을 수 있다. 그 빛은 좋은 소식이다. 하나님은 십자가를 통해서 우리가 꽉 끼는 신발을 벗어 던지고 은혜의 들판으로 나갈 수 있게 하셨다.

더 좋은 소식은 우리 안에 있는 예수님의 본성이 우리가 잘못된 곳으로 발을 내딛는 것을 막아 준다는 것이다. 예수님은 우리가 하나님이 원하시는 길로 갈 수 있도록 우리 안에서 역사하신다.

나는 이제 은혜와 결혼했다

로마서 7장에서 바울은 우리와 율법 사이의 관계를 묘사한다. 율법이란 하나님이 허락하신 축복을 우리의 행위에 기초해서 이루려고 하는 것이다.

> "형제들아 내가 법 아는 자들에게 말하노니 너희는 그 법이 사람이 살 동안만 그를 주관하는 줄 알지 못하느냐 남편 있는 여인이 그 남편 생전에는 법으로 그에게 매인 바 되나 만일 그 남편이 죽으면 남편의 법에서 벗어나느니라" 롬 7:1-2

이 말씀은 부부관계에 대해서 가르치는 것이 아니다. 이 구절은 믿는 자와 율법과의 관계를 결혼 관계로 비유해 설명하고 있는 것이다. 바울이 말하고자 하는 것도 바로 이것이다. 당신과 나는 율법 아래에서 태어났다. 언제 그렇게 되었는가? 언제 우리는 율법과 결혼하게 되었는가? 태어날 때부터라고 말하는 사람이 있을 것이다. 그러나 아니다. 우리가 이 세상에 태어나기도 훨씬 이전으로 거슬러 올라간다. 아담이 선악과를 먹었을 때, 그는 율법과 결혼한 것이다. 결과적으로 아담의 후손으로 태어난 우리는 모두 율법과 결혼한 상태로 이 세상을 살게 된다.

율법과의 결혼생활이 어떨 것 같은가? 그는 얼마나 요구가 많은 존재인지……. 내가 하는 모든 일을 계속해서 비판한다. 내가 실패하는 모든 일을 지적하고, 해야 할 일을 모두 알려 준다. 또한 하지 말아야 할 일에 대해서 말한다. 문제는 이 남편이 나에게 해주는 모든 말이 절대적으로 맞는 말이라는 것이다.

이런 완벽주의 남편과의 결혼생활은 나를 지치고 짜증나게 한다. 남편은 말을 많이 하지만, 결코 도와주지는 않는다. 그래서 이 남편을 기쁘게 하려고 더 많은 노력을 한다. 그래서 최선을 다한 다음 이 남편의 인정을 바라면서 쳐다보면, 그는 어김없이 "아직도 충분치 않아. 좀 더 해야지. 이것은 했는데 저건 안 했잖아." 라고 말한다.

남편의 지적을 되새기며 아무리 많은 일을 열심히 하더라도 이 남편은 만족하지 않는다. 그렇다면 이 남편을 교육시켜야 되지 않겠는가? 남편에게 당신도 그렇게 하고 있느냐고 맞대응을 해야 하지 않겠는가? 그런데 당신은 그렇게 할 수가 없다. 이 남편은 완벽하기 때문이다. 그와 결혼해서 살다 보면, 그는 언제나 명령을 하기 때문에 어느 순간 더 이상 지적하고 시키는 대로 하기가 싫어진다.

그러나 불행하게도 죽음이 서로를 갈라놓기 전까지 우리는 이렇게 율법과 결혼한 상태를 벗어날 수 없다는 것이다. 더 불행한 소식은 율법은 결코 죽지 않는다는 사실이다. 이 소식은 우리에게 한 줌 남은 소망도 버리게 만든다.

하지만 낙담하고 포기하기는 이르다. 성경은 우리가 율법으로부터 자유할 수 있는 길을 가르쳐 준다. 하나님은 천국에서 우리를 내려다보시며 이렇게 말씀하신다. "나는 너희를 사랑하고 너희가 내 신부가 되기를 원한다. 나는 너희가 율법의 부인이 아니라 내 신부가 되기를 원한다."

하나님은 우리를 예수님과 함께 십자가에 못 박으셨다. 결국 아담 안에서 율법과 결혼한 옛사람은 죽었다. 당신과 내가 죽은 것이다. 하나님이 우리를 죽이셨다. 율법은 절대로 죽지 않기 때문에 하나님은 이런 방법으로 우리를 새롭게 태어나게 하시고 우리에게 청혼하신 것이다. 이것이 로마서 7장 4절에서 말하는 내용이다.

> "그러므로 내 형제들아 너희도 그리스도의 몸으로 말미암아 율법에 대하여 죽임을 당하였으니 이는 다른 이 곧 죽은 자 가운데서 살아나신 이에게 가서 우리가 하나님을 위하여 열매를 맺게 하려 함이라" 롬 7:4

우리는 이처럼 죽음을 통해서 새롭게 태어나는데, 이것은 구원받기 전과는 완전히 다른 새로운 사람이 되는 것을 의미한다. 하나님은 우리를 구원하실 때, 우리를 적당히 바꾸는 것이 아니라 완전히 새로운 사람으로 바꾸신다.

> "누구든지 그리스도 안에 있으면 새로운 피조물이라" 고후 5:17

창조라는 말은 무에서 유를 만들어 내는 것을 뜻한다. 하나님은 우리를 변화시킨 것이 아니라 새롭게 하셨다. 이렇게 우리가 거듭날 때 아담 안에 있던 그 옛사람은 죽었다. 이제 우리는 온전히 새로운 사람이 되어 예수님과 결혼한 신분이다.

은혜와의 결혼은 율법과의 결혼과 차원이 다르다. 율법은 우리에게 무엇을 하라고 명령하지만, 은혜는 우리를 바라보면서 기뻐하고 우리에게 사랑을 쏟아 붓는다. 그는 우리를 바라보며 감탄한다. 무언가를 해야 할 때도 신실한 은혜는 우리와 함께 한다. 그는 우리를 통해 그 일을 한다. 그는 무거운 짐을 진 우리를 보면, 번쩍 들어올려 안아 준다.

은혜는 우리에게 딱 한 가지를 원한다. 그것이 무엇인지 아는가? 그건 우리가 예수님의 사랑을 받아들이는 것이다. 이 남편의 사랑을 받으면 자연스럽게 그를 섬기게 된다.

그분의 사랑을 받아들이고 새로운 피조물로 거듭나면 우리는 그분을 사랑할 수 있게 된다. 우리가 하는 모든 것으로 그분을 영화롭게 하고 싶어진다. 그런데 문제가 있다. 여전히 우리는 과거의 사고방식에 사로잡혀 있는 것이다. 이제 우리는 은혜와 결혼했는데도 불구하고 여전히 옛 남편인 율법과 새로운 남편이 다르지 않을 거라고 생각한다. 은혜도 율법처럼 우리를 정죄하고 비난할 거라고 오해한다.

바울은 로마서 8장에서 예수 그리스도 안에 있으면 결코 정죄함이 없다고 했다. 예수 안에서 생명을 누리게 하는 성령의 법이 우리를 죄와 죽음의 법에서 해방시켜 주었기 때문이다. 우리가 죄를 지었을 때 마음의 찔림은 우리를 다시 예수님께 나오도록 한다.

반면 정죄감은 우리를 예수님으로부터 멀어지게 한다. 하지만 예수 그리스도는 우리를 비난하지 않는다. 성령님은 우리에게 찔림을 주고 이것을 통해서 예수님께 더 가까이 오게 만드는 것이다. 이 진리를 알아야 우리는 참 자유를 누리며 살 수 있다.

그런데 우리는 예수님을 율법과 같다고 생각한다. 그래서 '내가 주님이 원하는 사람이 될 수 있도록 내게 할 일을 말해 주세요'라고 예수님께 말한다. 이것은 후퇴하는 삶이다. 의로움은 우리가 어떤 일을 해서 받는 것이 아니라 그저 예수님을 믿음으로 그분에게서 받은 선물이다.

하지만 당신 안에 율법적인 생각의 틀이 조금이라도 남아 있으면, '내가 당신을 위해 무엇을 해야 하는가'라고 예수님께 묻게 된다. 이때 율법은 기뻐하면서 당신이 해야 할 것들이 빼곡히 적힌 긴 목록을 보여 줄 것이다.

우리는 은혜와 결혼했다. 그러나 진리를 모르면 율법을 다시 찾게 된다. 그에게 할 일을 말해 달라고 하며 다시 그와의 관계에 얽매이게 된다. 그러다가 그를 찾아간다. 이것을 간음이라고 한다. 믿는 자가 이처럼 율법에 얽매어 사는 삶으로 돌아가는 것을 의미하는 것이다.

하지만 우리는 율법에 대해 죽었다. 이제 우리는 은혜의 신부가 된 것이다. 이것을 깨닫는 것이 중요하다. 우리의 삶은 규칙이나 의무가 아니라 예수님과의 관계에 의해 이루어진다. 이렇게 새로워진 우리가 율법에 따라 살려고 하면 온갖 갈등을 겪게 된다. 우리가 그리스도 안에 거하는 대신 율법을 지키려고 애쓰게 되면 율법은 우리의 죄를 더욱 부추긴다.

"우리가 육신에 있을 때에는 율법으로 말미암는 죄의 정욕이 우리 지체 중에 역사하여 우리로 사망을 위하여 열매를 맺게 하였더니 이제는 우리가 얽매였던 것에 대하여 죽었으므로 율법에서 벗어났으니 이러므로 우리가 영의 새로운 것으로 섬길 것이요 율법 조문의 묵은 것으로 아니할지니라 그런즉 우리가 무슨 말을 하리요 율법이 죄냐 그럴 수 없느니라" 롬 7:5-7전

죄의 정욕이 율법으로 말미암는다고 성경이 말하고 있지 않는가? 율법은 자기의 임무, 곧 우리가 죄인인 것을 깨닫게 하는 데에 온 힘을 기울인다. 율법은 우리가 아무리 노력해도 경건한 삶을 살 수 없다는 것을 깨닫게 한다. 그래서 '나는 할 수 없으니 주님이 대신 좀 해 달라'고 말하게 한다.

"율법으로 말미암지 않고는 내가 죄를 알지 못하였으니 곧 율법이 탐내지 말라 하지 아니하였더라면 내가 탐심을 알지 못하였으리라 그러나 죄가 기회를 타서 계명으로 말미암아 내 속에서 온갖 탐심을 이루었나니 이는 율법이 없으면 죄가 죽은 것임이라" 롬 7:7후-8

바울은 계명을 통해 죄가 자기 길을 찾아온다고 했다. 11절에 그 말을 반복한다.

"죄가 기회를 타서 계명으로 말미암아 나를 죽이고 그것으로 나를 죽였는지라" 롬 7:11

우리가 율법에 따라 살면 패배는 자명한 사실이다. 율법을 따라 살면 우리는 실패할 운명에 처할 수밖에 없다. 율법은 우리가 죄를 짓도록 자극한다.

"사망이 쏘는 것은 죄요 죄의 권능은 율법이라" 고전 15:56

영적인 세계의 법칙

언젠가 나는 애틀랜타의 한 지하철역에 서 있었다. 열차가 역으로 들어온다는 안내 방송이 들렸다. 그리고는 곧 안전선 바깥으로 물러서서 열차에 너무 가까이 다가서지 말라는 방송이 이어졌다. 그것은 아주 권위적인 목소리였다. 그래서 사람들은 모두 안전선 바깥쪽으로 물러섰다. 이 사람들은 왜 그렇게 행동했을까? 방송에서 그렇게 하지 말라고 했기 때문이다. 사회가 혼란스러운 무정부 상태로 가지 않기 위해서 이처럼 법이 필요하다.

그러나 영적인 세계는 다르다. 영적인 세계는 법에 따라 사는 것이 아니다. 우리가 규칙과 법에 따라 우리의 삶을 꾸려 가려고 한다면 반드시 실패한다.

나는 《천로역정》에 나오는 이야기를 좋아한다. 그리스도인이 인간의 마음을 상징하는 큰 방에 들어간다. 그 방은 죄를 나타내는 먼지로 덮여 있다. 그가 법을 상징하는 큰 빗자루로 먼지를 쓸어내려고 비질을 한다. 그런데 먼지를 쓸어내기는커녕 오히려 더 먼지를 일으킨다. 이것이 우리가 법에 따라 살려고 할 때 일어나는 현상이다. 죄를 쓸어내는 것이 아니라 오히려 죄를 자극시키는 것이다.

우리는 율법이 아니라 예수님의 생명으로 살라는 부르심을 받았다. 우리가 예수님 안에 거할 때 그분의 생명이 우리를 통해 나타난다. 매 순간 그분을 의지하고 살 때 우리는 죄를 짓지 않게 된다. 그러나 우리가 예수님을 의지하지 않을 때 내가 아무리 율법을 지키려고 해도 죄를 짓게 된다. 그리스도인은 계명을 지킬 의무가 있다고 생각하는 사람들이 많다.

바울은 우리가 죄에 대해 죽었다고 말했는데, 그 말은 우리가 계명을 이행하지 않아도 좋다는 말이 아니다. 그가 말하고 싶은 것은 율법은 우리를 위해서 만들어진 것이 아니라는 진리인 것이다. 성경은 말한다.

> "알 것은 이것이니 율법은 옳은 사람을 위하여 세운 것이 아니요 오직 불법한 자와 복종하지 아니하는 자와 경건하지 아니한 자와 죄인과 거룩하지 아니한 자와 망령된 자와 아버지를 죽이는 자와 어머니를 죽이는 자와 살인하는 자며" 딤전 1:9

율법은 의로운 사람을 위하여 만들어진 것이 아니다. 고린도전서 3장을 보면 우리는 의롭다는 것을 알 수 있다. 예수님의 본성을 가지고 있기 때문에 우리는 의롭다. 우리는 이제 율법 아래 살지 않는다. 은혜의 삶은 율법과 규칙에 얽매이는 삶의 방식을 끊고 예수님과의 관계를 누리며 사는 삶이다. 하나님과의 사랑의 관계를 통해서 우리는 경건한 생활의 동기를 얻는다. 지금 나는 부주의하고 멋대로 생활하는 삶을 살아도 된다는 말을 하려는 것이 아니다. 우리가 율법 아래 있지 않는다고 해서 마음 내키는 대로 죄를 지을 수 있는가?

바울은 로마서 6장에서 우리가 계속해서 죄를 지을 것인지에 대해 묻는다. 성경은 모든 것이 합법적이라고 했다. 그러나 우리가 그리스도 안에 있는 자신의 정체성을 올바로 알고, 그분 안에서의 의로움을 이해한다면 굳이 죄를 지으려고 하겠는가?

이제 우리가 죄를 지을 때는 본성 때문에 짓는 것이 아니다. 따라서 우리는 죄를 지을 때 불편한 감정을 느낀다. 율법은 죄를 부추기지만 은혜는 우리에게 의로움을 북돋운다.

> "그런즉 어찌하리요 우리가 법 아래에 있지 아니하고 은혜 아래에 있으니 죄를 지으리요 그럴 수 없느니라 너희 자신을 종으로 내주어 누구에게 순종하든지 그 순종함을 받는 자의 종이 되는 줄을 너희가 알지 못하느냐 혹은 죄의 종으로 사망에 이르고 혹은 순종의 종으로 의에 이르느니라 하나님께 감사하리로다 너희가 본래 죄의 종이더니 너희에게 전하여 준 바 교훈의 본을 마음으로 순종하여 죄로부터 해방되어 의에게 종이 되었느니라" 롬 6:15-18

사탄은 우리가 은혜의 삶을 살지 못하도록 모든 수단을 동원해서 방해한다. 사탄은 우리가 예수님의 인격에 초점을 맞추는 것이 아니라 사람의 행위에 초점을 맞추기를 원한다. 사탄은 교묘하게 접근하여 아주 그럴듯하게 속삭인다. "네가 하나님을 기쁘게 하려면 그분의 모든 계명을 지켜야 한다." 이처럼 우리에게 모든 계명을 지키도록 애쓰라고 촉구한다. 그런데 이것은 교묘한 거짓말이다. 절대로 속지 말라. 그들이 하는 말은 옳은 말처럼 들리겠지만 옳은 말이 아니다. 왜냐하면 죄가 권세를 부리는 곳이 율법이기 때문이다. 우리는 예수님에게 초점을 맞추고 그분이 우리를 통해 살 수 있도록 해야 한다. 이렇게 할 때 그분을 향한 사랑으로 인해 경건한 삶을 살게 된다.

어떤 국가든지 형법을 살펴보면 자녀를 돌보는 책임에 관한 수천 개의 법 조항이 있다. 우리가 이 법을 지키지 않으면 자녀를 빼앗길 수도 있다. 그런데 대부분의 부모들이 이런 내용을 담고 있는 법률책을 읽는다고 생각하는가? 아니다. 그런 법률 조항을 알았다고 해서 자기 아이들을 빼앗길까 봐 두려워하는 부모들이 있겠는가? 그러한 법률 조항을 한 번도 읽어 보지 않고 지키려고 애를 쓰지 않아도 우리는 자연스럽게 그 법을 지키며 산다.

마찬가지로 우리가 예수님 안에 거하면 그분을 향한 우리의 사랑이 동기를 부여한다. 그렇게 되면 그분의 법을 지킬 뿐만 아니라 그 이상의 것도 할 수 있게 된다. 그분을 영화롭게 할 때, 은혜는 우리가 죄를 짓지 않게 할뿐만 아니라 더욱 거룩한 삶을 살 수 있도록 인도한다.

"모든 사람에게 구원을 주시는 하나님의 은혜가 나타나 우리를 양육하시되 경건치 않은 것과 이 세상 정욕을 다 버리고 신중함과 의로움과 경건함으로 이 세상에 살고" 딛 2:11-12

하나님의 은혜는 우리가 경건치 않은 것을 자연스럽게 버릴 수 있도록 이끌어 준다. 대개 우리는 율법에 매여 있고 옳은 일을 하려고 하며, 예수님 또한 그런 방법으로 사랑하려고 애쓴다. 우리들은 이처럼 자주 율법주의적인 태도를 취한다. 그러나 그것은 진정한 그리스도인의 삶이 아니다. 우리의 옛사람은 그리스도와 함께 십자가에서 죽었다.

우리가 율법에 대해 완전히 죽었다는 사실을 성경은 분명히 말한다. 우리는 이것을 믿어야 한다. 예수님에게 초점을 맞추고 그 외의 어떤 것도 두려워하지 말라. 예수님이 우리를 통해 사신다면 우리는 자연스럽게 거룩한 삶을 살게 된다. 그래서 자연스럽게 모든 율법과의 관계도 끊어지게 된다. 예수님 안에 거하겠다고 결단하라. 그리고 이제 세상 밖으로 나가 예수님이 우리를 통해 나타나도록 그분께 순종하라.

"우리 주 예수 그리스도로 말미암아 우리에게 승리를 주시는 하나님께 감사하노니"_고전 15:57

6장 승리의 삶

그리스도인의 뒤바뀐 본성

지금까지 우리는 믿는 자로서 삶 가운데 하나님의 은혜를 어떻게 경험할 수 있을지를 살펴보았다. 은혜를 어떻게 경험하는지 이제 다른 사람들에게 설명할 수 있을지도 모른다. 그러나 우리가 실제로 그러한 삶을 누리고 있는가?

수많은 그리스도인들이 신약성경에서 예수님이 가르치신 삶을 살고자 노력하지만 자주 좌절을 경험한다. 우리는 성경에서 묘사하는 삶을 경험하기 위해 진지하게 노력한다. 하지만 그리 쉬운 일은 아니다. 예수님을 위해 살려고 열심을 내고 최선을 다하지만 승리를 경험하거나 만족을 얻지 못한다. 언제나 충분하지 못하다는 느낌을 가지고 살아갈 뿐이다.

우리는 예수님이 삶 가운데 어떻게 일하시는지 살펴보았다. 그분은 우리를 너무 사랑하시기 때문에 때때로 우리를 고통의 지리로 인도하신다. 그곳은 우리의 자족함을 끊는 자리이다. 하나님은 시련과 고난을 사용해서 우리를 단련하신다. 고통이 우리를 찾아올 때 우리는 자족하고 노력하는 마음을 내려놓고 우리 안에 있는 하나님을 경험하게 되기 때문이다.

이러한 과정을 통해 우리 안에 있는 아담은 죽었고 예수님을 영접한 우리는 새로운 피조물이 된다. 우리는 의와 거룩함으로 지어졌다고 성경은 말한다. 하나님은 우리에게 예수님을 보내 주셔서 우리를 거룩하고 의롭게 재창조하셨다. 예수님 안에서 새롭게 얻은 거룩과 의로움에 의지해서 산다면 우리의 삶은 날마다 은혜가 넘쳐날 것이다.

많은 그리스도인들은 하나님이 그 모든 일을 이미 완성하셨다는 사실을 깨닫지 못하고, 자기 힘으로 하나님이 원하시는 사람이 되려고 한다. 우리가 그분의 의로움을 경험할 수 있는 유일한 방법은 믿음으로 하나님께 나아가는 것이다. 승리는 노력해서 얻어지는 것이 아니라 그분을 믿음으로 얻어지는 것이다.

바울은 로마서 7장의 전반부에서 우리와 율법의 관계를 결혼에 비유했다. 한 여자가 한 남자와 결혼해서 사는 동안은 그 남자와 함께 해야 할 의무가 있다. 그러나 그가 죽으면 다른 남자와 결혼할 수 있는 자유로운 상태가 된다. 바울은 같은 장에서 하나님이 우리를 아담 안에서 취하셔서 예수님 안에 두셨다고 말한다. 그런데 이 말은 우리가 죽은 것이지 율법이 죽었다는 뜻은 아니다.

예수님을 알지 못하는 율법은 아직도 버젓이 살아 있다. 하지만 우리가 예수님 안에서 다시 살아나 그분과 결혼하게 되면 율법이 말하는 의무에서 해방되는 것이다. 그 대신 죽은 자를 일으키시는 분과 연합하게 되어 자유하게 된다.

예수님과 연합한다는 것은 은혜와 결혼하는 것이다. 은혜와 결혼하는 것은 영원히 지속되는 사랑의 관계다. 그분은 지금의 우리를 조건 없이 사랑하신다. 그분이 우리를 더 사랑하시도록 하기 위해서 우리가 할 수 있는 것은 아무것도 없다. 그분은 지금의 우리 모습 그대로 우리를 사랑하시고 기뻐하신다. 그분의 소망은 우리가 단지 그분을 누리는 것이다. 우리가 그분의 사랑을 받고 그분과의 관계 속에 살 때, 그리고 그분이 우리를 통해서 나타나시도록 나의 주권을 내려놓고 그분의 임재를 허락할 때 이런 일은 가능하다.

로마서 7장 13절까지는 우리가 율법에 대해 죽은 자임을 말한다. 우리는 율법과 아무 상관이 없게 되었다. 이제 7장 후반부를 살펴보자. 우리가 그리스도의 생명 대신 종교적인 규칙에 얽매어 사는 것이 어떤 것인지 사도 바울이 말해 주고 있다.

> "우리가 율법은 신령한 줄 알거니와 나는 육신에 속하여 죄 아래에 팔렸도다 내가 행하는 것을 내가 알지 못하노니 곧 내가 원하는 것은 행하지 아니하고 도리어 미워하는 것을 행함이라" 롬 7:14-15

바울은 죄를 짓기를 원했는가? 바울의 근본적인 소망이 죄 짓는 것이었는가? 그는 자신이 행하는 것을 이해하지 못한다고 했다. "내가 원하는 것은 행하지 아니하고 도리어 미워하는 것을 행함이라"고 했다.

믿는 자의 본성은 우리의 삶 가운데 하나님을 영화롭게 하는 것이다. 만약 우리에게 하나님을 영화롭게 하고 싶은 소망이 없다면, 우리가 믿음 안에 있는지 진지하게 점검해 보아야 한다.

믿는 자는 그 안에 예수님의 본성을 가지고 있다고 베드로후서 1장 4절은 말한다. 그렇다고 우리가 죄 없는 생활을 한다는 의미는 아니다. 우리는 종종 후회할 일을 한다. 예수님 안에 거하는 대신 자아를 좇아 살 때, 우리는 어리석게도 죄를 짓게 된다. 그러나 하나님을 영화롭게 하는 것이 우리의 본성이다.

우리가 하나님을 영화롭게 하는 삶을 살기 원한다면, 그 비결은 예수님 안에 거하는 것이다. 바울의 말대로 하나님을 영화롭게 하는 대신 자신의 노력으로 살기를 원하는 사람은 결국 좌절하게 된다. 사도 바울은 선한 일을 하기 원하지만 그렇게 되지 않는다고 말했다.

본성이 아니라 성품이 문제다

율법의 주된 특징은 우리가 아무리 노력해도 좌절케 한다는 것이다. 그래서 율법적인 그리스도인은 좌절을 경험할 수밖에 없다. 그 이유는 노력으로는 하나님을 경험할 수 없기 때문이다. 나 자신도 수년 동안 율법주의자로 하나님을 위해 열심히 노력하며 살았다. 노력에 노력을 거듭하고 늘 재헌신을 다짐할 때, 내 마음속에는 주님을 위해서 살아야겠다는 자아가 더욱 강해졌다. 자아가 강해지는 만큼 우리 삶에서 좌절의 횟수는 많아진다.

은혜의 삶을 이해하기 전까지 나는 하나님께 가까이 가려고 무던히 애쓰며 많은 시간을 보냈다. 그렇다면 하나님께 가까이 간다는 말은 무슨 뜻일까? 잠시 생각해 보자.

우리가 예수님을 영접할 때 그분이 우리 안에 들어오신다. 그분의 영이 우리 안에 들어왔기 때문에 우리는 그분과 하나다. 우리는 주와 연합한 자다. 그분은 우리를 떠나지도 버리지도 않겠다고 하셨다. 그분은 우리 안에 있다. 우리의 영 안에 거하는 것이다. 우리는 예수님과 현재의 상태보다 더 가까이 혹은 더 멀리 떨어질 수 없다.

우리는 그분과 하나다. 그분 안에 거할 것인가 자신의 육체에 거할 것인가는 우리의 선택에 달려 있다. 우리가 예수님 안에 거한다면 우리는 예수님과 멀어질 수 없다.

여기서 잠깐, 그렇다면 하나님은 우리가 율법을 모두 지킬 수 있을 거라고 생각하셨을까? 혹자는 구약시대는 율법을 지킴으로 구원을 받았다고 말한다. 그러나 구약시대 사람들도 율법을 다 지킬 수는 없었다. 예수님을 제외한 어떤 사람도 율법을 다 지킬 수는 없다. 하나님은 우리가 율법을 통해서 구원받기를 원하시지 않는다. 우리가 율법을 지킬 수 없음을 하나님은 이미 알고 계셨다. 그런데 왜 우리에게 율법을 주셨을까?

하나님은 율법을 행함으로, 의가 성취될 수 없다는 것을 우리에게 보여 주시고자 하셨을 것이다. 우리 안에는 스스로 옳은 일을 할 만한 능력이 없다. 그래서 구약에서 백성들이 우리에게 율법을 달라, 우리에게 무엇을 행할지 알려 달라고 할 때 하나님은 우리와 사랑의 관계를 맺기를 원한다고 하셨다. 그러나 우리는 끝까지 율법을 원했고 결국 우리가 원하던 대로 율법이 우리를 다스리시기 시작했다.

한번 상상해 보라. 구약시대의 사람들이 계명을 받고 난 이후, 그들은 분명히 그것을 다 지킬 수 없다고 말했을 것이다. 그들이 지키지 못한 율법을 오늘의 우리는 스스로의 힘으로 지킬 수 있겠는가?

율법의 목적은 우리가 아무리 노력해도 우리 자신의 능력으로는 할 수 없다는 사실을 깨닫는 데 있다. 그러나 동시에 예수님은 이렇게 말씀하실 것이다. "맞다. 너는 할 수 없지만 나는 할 수 있다. 네가 내 생명을 받아들이면 너를 통해 내가 할 것이다."

> "만일 내가 원하지 아니하는 그것을 행하면 내가 이로써 율법이 선한 것을 시인하노니 이제는 그것을 행하는 자가 내가 아니요 내 속에 거하는 죄니라 내 속 곧 내 육신에 선한 것이 거하지 아니하는 줄을 아노니 원함은 내게 있으나 선을 행하는 것은 없노라 내가 원하는 바 선은 행하지 아니하고 도리어 원하지 아니하는 바 악을 행하는도다 만일 내가 원하지 아니하는 그것을 하면 이를 행하는 자는 내가 아니요 내 속에 거하는 죄니라" 롬 7:16-20

바울은 율법이 잘못되었다고 말하지 않았다. 그는 '율법은 선한 것'이라고 했다. 율법은 하나님이 의도하신 대로 그 역할을 다한다. 그러나 바울은 율법을 어길 때, 즉 죄를 지을 때 '이를 행하는 것은 내가 아니요 내 속에 거하는 죄'라고 했다. 여기서 주목할 것은 바울이 말한 '내 속에 거하는 죄'다. 죄란 내 안에 있는 어떠한 힘, 즉 죄를 일으키는 어떠한 힘이며 그것은 내가 아니라는 것이다.

바울은 그 자신과 그 속에 거하는 죄의 힘을 구별했다. 바울은 거듭해서 '내가 행하는 것이 아니요 내 속에 거하는 죄'라고 말했다. 우리가 죄를 짓는 것은 우리의 본성nature 때문이 아니라 성품character 때문이다.

바울의 소망은 주님을 영화롭게 하는 것이었다. 바울은 내 속에 선한 것이 없다고 했는데 이것은 육체를 의미한다. 우리도 하나님을 영화롭게 하기를 원하지만 우리 안에는 그 마음과는 상반되는 무언가 다른 것이 있다. 이것이 죄의 힘이다. 우리가 죄에 복종하면 이 힘이 우리로 하여금 예수님과는 상관없이 행동하도록 한다.

"내가 원하는 바 선은 행하지 아니하고 도리어 원하지 아니하는 바 악을 행하는도다 만일 내가 원하지 아니하는 그것을 하면 이를 행하는 자는 내가 아니요 내 속에 거하는 죄니라 그러므로 내가 한 법을 깨달았노니 곧 선을 행하기 원하는 나에게 악이 함께 있는 것이로다 내 속사람으로는 하나님의 법을 즐거워하되 내 지체 속에서 한 다른 법이 내 마음의 법과 싸워 내 지체 속에 있는 죄의 법으로 나를 사로잡는

것을 보는도다" 롬 7:19-23

바울은 자신이 죄를 지을 때 그 속에 사악한 원리가 작동하고 있음을 알았다. 그가 스스로 그것을 하고 있지는 않지만 결과적으로 그러한 행위는 여전히 자신의 책임 아래 있는 것이다. 그는 자신 안에 죄의 힘이 있다고 했다.

즉, 죄를 지을 때 잘못이 '우리에게' 있는 것이 아니라, '우리 안'에 있다고 본 것이다. 하나님은 우리 안에 의로움을 창조하셨다. 그런데도 그 안에서 죄를 짓는다는 것은 우리가 예수님 안에 거하는 것에 실패했기 때문이다. 죄의 힘이 발동하고 우리의 육체가 나타날 때, 사탄이 우리에게 좋지 않은 생각을 심어 준다. 우리 자신의 생각이 아닌 다른 생각을 주는 것이다. 이와 같이 우리가 하는 모든 생각이 전부 우리의 것은 아니다.

기도를 할 때 가끔씩 마음에 끔찍한 생각이 떠오를 때가 있다. 그럴 때 나는 다음과 같이 기도하곤 한다. "오, 하나님! 용서해 주시옵소서. 제가 어떻게 그런 끔찍한 생각을 했을까요. 너무 죄송해요." 사탄은 우리에게 어떤 생각을 심어 주는데, 그때 우리는 그 생각을 어떻게 할지 선택하게 된다. 그 선택이 우리가 육체의 삶을 살지 은혜의 삶을 살지 결정해준다.

하루는 토드와 상담을 하게 되었다. 옆에는 상담 기술을 배우기 위해 제임스가 관찰자로 참석했다. 토드에게 우리가 하는 생각이 모두 우리의 것이 아니라는 것을 설명하면서, 그에게 귓속말로 옆에 앉아 있는 제임스의 따귀를 때려 보라고 했다. 그 말을 듣고 토드는 이상하다는 표정으로 나와 제임스를 번갈아 가며 쳐다보았다. 그래서 내가 재빨리 한 번 때려 보라는 눈짓을 보냈다. 제임스는 자기가 지금 얼마나 난처한 상황에 처해 있는지 알지 못했다. 내가 토드에게 어떻게 할 거냐고 물었더니 토드는 그렇게 하지 않겠다고 대답했다. 그러면 적어도 그런 생각을 품은 것에 대해서 하나님께 잘못을 고백해야 되지 않겠느냐고 묻자 그는 그렇게 할 필요가 없을 것 같다고 말했다. 왜냐하면 그 생각은 내가 집어넣은 것이기 때문이라고 했다.

사탄이 우리의 육체를 동요시켜 어떤 생각을 집어넣을 때 우리는 그것을 자신의 생각이라고 단정하고 그대로 행동한다. 때문에 우리가 하는 생각을 점검한 다음 그 모든 생각이 다 우리 것이 아니라는 사실을 이해할 필요가 있다. 사탄은 우리에게 어떤 생각을 심어 주고 거기에 사로잡혀 죄책감을 느끼게 하기 때문에 우리는 생각의 영역을 세심하게 다룰 필요가 있다. 다음 말씀은 우리가 자신의 생각을 어떻게 다스려야 하는지를 가르쳐 준다.

> "하나님 아는 것을 대적하여 높아진 것을 다 무너뜨리고 모든 생각을 사로잡아 그리스도에게 복종하게 하니" 고후 10:5

우리는 머릿속에 어떤 생각이 떠오를 때마다 그 내용과 횟수 등을 일일이 조절할 수는 없지만, 그것을 바탕으로 어떻게 행동할지는 선택할 수 있다. 예수님의 이름과 성령님의 권능으로 그 생각을 끊는 일을 선택하면 된다.

그런데 그 생각이 어디로부터 왔는지 어떻게 분별할 수 있을까? 우리가 본성에 대해서 다루었던 것을 기억하라. 우리는 어떤 본성을 갖고 있는가? 우리는 의인이다. 불의한 생각들은 내게서 나온 것이 아니라 사탄으로부터 온다. 우리가 예수님 안에 거할 때 갖는 모든 생각은 나의 것인가, 예수님의 것인가? 바울은 우리가 예수님의 마음을 가졌다고 했다. 예수님이 우리의 생명이기 때문에 우리의 생각은 곧 예수 그리스도의 생각이다.

승리는 예수님 안에 거하는 것이다

승리의 비결은 우리가 늘 예수 그리스도 안에 거하고 예수님의 생명이 우리를 통해서 나타나도록 허락하는 것이다. 그렇게 할 때 우리는 승리를 경험한다. 바울은 로마서 7장 24절에서 "오호라 나는 곤고한 사람이로다 이 사망의 몸에서 누가 나를 건져내랴" 하고 자문했다. 이것은 좋은 질문이다. 바울이 평범한 그리스도인이었더라면 '내가 무엇을 할 수 있을까?' 하고 질문했겠지만 바울은 '누가?' 라는 질문을 하고 25절에서 곧바로 대답을 했다.

> "우리 주 예수 그리스도로 말미암아 하나님께 감사하리로다 그런즉 내 자신이 마음으로는 하나님의 법을 육신으로는 죄의 법을 섬기노라" 롬 7:25

바울은 누가 자신을 자유롭게 할 수 있냐고 자문했다. 나는 하나님에게 '내가 하나님을 위해서 무엇을 할 수 있습니까?' 하고 계속해서 질문하던 때가 있었다. 그런데 이 질문은 잘못된 것이다. 바른 질문은 '율법과 육체의 삶으로부터 자유로울 수 있는 승리의 비결은 무엇입니까?'이다.

　승리는 이미 예수 그리스도 안에서 이루어졌다. 예수의 이름은 '승리'다. 해답은 '무엇'에 있는 것이 아니라 '누구'에 있다. 바울도 '누가' 나를 건져 내느냐고 물었다. 부연하면 '누가 이 사망의 몸에서 나를 건져 내 줄까, 누가 이 죄의 힘으로부터 자유롭게 해 줄까' 하는 것이다. 우리는 그 '누구'가 누구인지를 안다. 정답은 예수 그리스도요 그분만이 죄로부터 우리를 자유롭게 하신다. 그분만이 우리가 승리를 경험할 수 있도록 도와줄 수 있다.

　만약 직장 상사가 사이좋게 지내기 불가능한 사람이라고 가정해 보자. 이 사람을 사랑하기 위해 당신이 할 수 있는 일은 무엇인가? 아무것도 없다. 그런데 우리가 예수님 안에 거하면 아침에 일어나 직장으로 가면서 이렇게 기도하게 된다.

　"주님, 내 안에는 저 사람을 사랑할 수 있는 사랑이 하나도 없습니다. 그런데 주님이 나를 통해서 저 사람을 좀 사랑해 주십시오!"

　즉 내가 아니라 하나님이 해 주실 것을 믿고 나아가는 것이다. 만약에 진리와 상반되는 생각, 즉 비판적인 생각이나 그 사람에 대한 부정적인 생각이 내 안에 들어오면 바울이 말한 것처럼 그 생각을 사로잡아 그리스도께 복종시키라. 그리고 자신에게 이렇게 말하라.

"나는 불만이나 앙심을 품는 사람이 아니다. 나는 예수님의 본성을 가진 사람이다. 내 감정은 내가 원한을 품은 사람이라고 생각하게끔 속일 수도 있다. 그러나 나는 이것을 인정하지 않는다. 나는 감정이 나를 끌고 가도록 내버려 두지 않겠다. 나는 믿음대로 살 것을 선택할 것이다. 예수님이 나를 통해서 이 사람을 사랑해 주실 것이다."

사랑은 감정이 아니라 행동하는 것이라는 점을 기억하라. 주님이 나를 통해서 사랑을 표현하게 하라.

만약 부부관계에 문제가 생겨서 더 이상 견딜 수 없을 정도라고 생각해 보자. 그래서 배우자를 사랑할 수 없을 정도로 감정이 나빠졌다고 가정해 보자. 실제로 이렇게 되면 우리는 배우자를 더 이상 사랑하지 못한다. 하지만 예수님은 우리를 통해서 배우자를 사랑하실 수 있다. 하나님의 풍부한 사랑을 신뢰하기만 한다면 그분이 우리를 통해서 그분의 사랑을 실행하신다. 모든 승리는 예수님 안에 있다.

몇 주 전에 아버지가 심장 수술을 받아 병원에 입원하셨다. 아버지 스스로 호흡할 수 없는 상태였기 때문에 인공 호흡기가 대신해서 숨을 쉬도록 도와주었다. 덕분에 아버지는 편안히 주무시고 계셨다. 한참 뒤, 잠에서 깨어난 아버지는 본인의 입과 코를 막고 있는 인공호흡기를 보고는 공포에 질려 스스로 호흡하려고 애를 썼다. 그러면 그럴수록 기계는 역반응을 일으켰고 결국 경보기가 울려 간호사가 급히 뛰어왔다. 간호사는 침대 곁에 서서 "혼자서 숨을 쉬려고 하지 마세요. 긴장을 푸셔야 해요"라며 아버지를 안정시켰다.

신약에서 말하는 성령은 헬라어로 프뉴마*pneuma*인데 이것은 '숨', '공기'라는 뜻이다. 성경은 우리가 성령님 안에서 안식하도록 만들어진 존재라고 말한다. 예수님이 성령을 보내 주셔서 우리 대신 호흡하도록 도와주셨다. 우리는 그분의 힘으로 사는 것이지 우리 노력으로 사는 것이 아니라는 뜻이다. 만약 우리의 능력으로 승리를 경험하려고 애를 쓴다면 인공호흡기를 달고 있는 사람이 자기 스스로 숨을 쉬려고 애쓰는 것과 같다. 그것은 하나님이 의도한 방식과 반대로 행동하는 것이다. 지금 당장 그렇게 애쓰는 일을 그만두는 것은 어떤가? 마음을 정하라. 이번

주에 예수님의 풍성함을 신뢰하기로 작정하고 그분이 나를 통해 살도록 허락하라. 이번 기회에 성령님의 도움을 받아보라. 예수님이 당신을 통해 살도록 허락하고 은혜의 삶을 경험하라.

나 또한 주님을 향한 갈급함과 그분을 기쁘게 해 드리려는 선한 마음이 있음에도 불구하고, 영적인 놀이동산 기구를 탄 것 같이 상승과 하강을 되풀이 했다. 어느 순간에는 영적인 산봉우리에 올라가 있다가 또 어느 순간에는 깊은 골짜기에 내려와 있기도 했다. 그때마다 나는 주님께 '무엇이 잘못되었는지', 주님이 의도하는 승리를 얻기 위해 '내가 어떻게 해야 하는지' 물어보았다. 그리고 열심히 애쓰고 또 노력했다. 그러나 아무 소용이 없었다. 승리를 경험하기 위해서 노력하는 것은 율법적인 삶의 형태이다. 앞에서 우리는 로마서 7장을 통해 그리스도인의 삶에서 어떻게 승리를 경험할 수 있는지를 살펴보았다. 스스로의 노력으로 승리를 얻으려고 애쓰는 것은 율법적인 그리스도인의 삶이다.

승리는 노력해서 얻어지는 것이 아니다. 사실 노력을 하면 할수록 더욱 확실하게 실패하게 된다. 인공호흡기를 단 사람이 스스로 숨을 쉬려고 하면 기계에 역반응을 일으킨다는 예화를 기억하는가? 인공호흡기는 그 사람을 대신하여 호흡하도록 만들어졌다. 마찬가지로 성령님은 우리를 대신하여 호흡하신다. 그러나 불행하게도 우리는 모두 스스로 생각하기에 더 나아 보이는 각자의 계획을 가지고 있다.

어느 날 제럴드가 내 사무실에 찾아와서 어려움을 호소했다. 그는 예수님을 위해 살려고 그가 할 수 있는 최소한의 목록을 작성했다. 목록대로라면 매일 아침 30분씩 기도하고, 30분씩 성경을 읽고, 매주 한 번은 누군가에게 복음을 전해야 하며, 자신의 은사와 자원을 가난한 사람과 나누어야 했다. 그는 이것을 지키려고 부단한 노력을 했다. 하지만 도저히 지킬 수가 없었다고 한다.

이런 목록을 가진 사람을 보면 감탄사가 절로 나온다. 외관상 이런 것들은 대단히 가치 있는 일처럼 보인다. 하지만 어떤 구체적인 목록을 만드는 것은 승리를 가져오기보다 패배로 가는 지름길이 된다. 제럴드는 의무감으로 움직이는 그리스도인의 삶을 살고 있는 것이다.

당신도 이렇게 해 본 적이 많지 않은가? 나도 한때 승리를 경험하기 위해서 성경대로 살기로 결심하고, 어떤 일을 계획하고, 실제로 그렇게 하기도 했었다. 한번은 매일 아침 5시 반에 일어나 기도를 하면서 주님과 함께 시간을 보내야겠다고 생각했다. 아침 일찍 일어나서 기도하는 것이 잘못된 것은 아니다. 그러나 그것이 지금 우리가 하려는 것이라면, 그 동기가 무엇인지 잘 살펴보아야 한다. 혹시 내가 얼마나 영적인 사람인지를 보여주려는 데에 목적이 있지는 않은가? 과연 그것이 얼마나 오래 지속될 수 있을 것이라 생각하는가?

단과 드보라 부부가 내게 찾아와 내년에는 주일마다 교회를 나오겠다고 약속했다. 속으로 나는 그들이 하는 약속의 말이 별로 달갑지 않았다. 물론 사람들이 교회에 나오는 것을 환영한다. 그러나 이 부부는 자신에게 일종의 율법을 부과한 것이다. 이들의 동기는 즐거운 마음으로 자연스럽게 교회에 나오겠다는 것이 아니고, 자신들이 정한 의무를 수행하겠다는 것이다. 나는 이 사람들이 머지않아 교회에 나오지 않을 것이라고 생각했고, 실제로 그렇게 되었다.

승리는 예수님을 통해서 온다. 승리를 경험하기 위해 이해해야 할 것은 우리의 계획을 통해서는 승리를 경험하지 못한다는 것이다. 사도 바울은 율법을 지키며 사는 종교적인 골로새교회에 이렇게 말했다.

> "너희가 세상의 초등학문에서 그리스도와 함께 죽었거든 어찌하여 세상에 사는 것과 같이 규례에 순종하느냐" 골 2:20-22

사도 바울은 "너희는 법에 대하여 죽었다. 그런데 너희 교회 안에 왜 지켜야만 하는 법을 만들어 놓고 있느냐? 왜 그런 게임을 하느냐?"라고 말한다.

이것은 오늘날에도 해당되는 질문이다. 현대 교회들은 왜 이런 게임을 하는가? 믿는 자들이 따라야 하는 법이라며 만들어 놓은 조항이 왜 이렇게 많은가? 하나님은 우리를 계획이나 법을 따르게 하기 위해 부르신 것이 아니라, 예수님 안에 거함으로 하나님이 주시는 풍성한 삶을 살게 하려고 부르셨다. 사도 바울이 23절에서 이렇게 대답한다.

> "이런 것들은 자의적 숭배와 겸손과 몸을 괴롭게 하는 데는 지혜 있는 모양이나 오직 육체 따르는 것을 금하는 데는 조금도 유익이 없느니라" 골 2:23

종교적인 규칙을 잘 따르면 스스로 영적이라고 느끼게 되고 다른 사람들도 그렇게 봐준다. 그러나 이런 것은 사람들이 만들어 낸 종교행위에 불과하다. 우리는 오직 예수 그리스도를 통해 자유를 누릴 수 있다. 더 이상 우리는 율법의 멍에를 질 필요가 없게 되었다. 그럼에도 불구하고 우리는 구원받은 후에도 여전히 율법에 얽매이는 삶을 산다.

승리는 선물이다

우리가 불신자를 전도할 때 '그리스도인이 되기 위해서는 어떠한 율법도, 어떠한 것도 할 필요가 없고 오직 주님만 믿으라'고 말한다. 그가 '나는 죄인이다'고 말하면 우리는 '예수님만 믿으면 하나님이 죄의 문제를 다 해결해 주신다'라고 말한다. 그래서 이 사람이 결국 구원받는 지점에 이른다.

이때 우리는 그가 주님을 믿게 되어 기쁘다고 말하면서 동시에 그리스도인으로 올바로 살기 위해서 해야 할 일들을 일러준다. '매일 성경을 읽어야 하고, 매일 기도해야 하고, 매주 교회에 나와야 하고, 전도도 할 필요가 있다'고 말한다. 이렇게 구원 받고 난 후에 이 사람이 지켜야 할 온갖 규칙을 가르쳐 주는 것이다. 일종의 속임수와 같다.

    이것은 무엇이 잘못되었는가? 성경은 우리가 예수 그리스도를 영접하면 그분 안에서 살게 된다고 말한다. 나는 성경공부나 기도, 전도 등이 중요하지 않다고 말하는 것이 아니다. 다만, 이런 것들은 그리스도인의 삶에서 무리하게 강행되어질 의무가 아니라 우리가 예수님 안에 거할 때 자연스럽게 이루어지는 결과가 되어야 한다는 것이다. 영적인 그리스도인이 되기 위해서 이런 일들을 하는 것이 아니고, 우리가 예수님 안에 거하기 때문에 그렇게 하는 것이다.

    고든A. J. Gordon이 어떤 박람회에 갔다가 겪은 이야기를 읽은 적이 있다. 그는 그곳에서 어떤 노인이 펌프를 이용해 격렬하게 물을 퍼 올리는 것을 보았다. 굉장히 빠른 속도로 일관성 있게 물을 퍼내고 있었다. 그 속도에 놀라서 가까이 가서 보았더니 그것은 진짜 사람이 아니라 사람처럼 생긴 기계였다. 그 손이 펌프에 붙어 있었고, 분수처럼 생긴 우물에서 지하수가 흘러나오고 있었다. 그런데 더 자세히 살펴보니 실상은 그 기계가 물을 퍼내는 것이 아니라 물이 그 사람을 펌프질 할 수 있도록 움직이고 있었던 것이다.

　그리스도인의 삶이 바로 그런 것이다. 예수님은 우리 속 깊은 곳으로부터 생수의 강이 흘러나오도록 하신다. 우리가 펌프질하는 것이 아니라 우리가 그분 안에 거할 때 그분으로부터 생수가 흘러나오는 것이다. 우리가 그리스도 안에 거할 때 승리는 선물로 받는다. 그분이 바로 우리의 승리다.

"항상 우리를 그리스도 안에서 이기게 하시고 우리로 말미암아 각처에서 그리스도를 아는 냄새를 나타내시는 하나님께 감사하노라" 고후 2:14

"우리 주 예수 그리스도로 말미암아 우리에게 승리를 주시는 하나님께 감사하노니" 고전 15:57

승리는 주님이 우리에게 주시는 선물이다.

"그러나 이 모든 일에 우리를 사랑하시는 이로 말미암아 우리가 넉넉히 이기느니라" 롬 8:37

하나님은 우리에게 승리를 약속하셨다. 승리는 예수 그리스도 안에 있다. 오늘날 교회의 비극은 그분이 이미 우리에게 주신 것을 또다시 받아내려고 노력하는 데서 비롯된다. 이것이 바로 우리의 모습이다. 우리는 자신의 힘만으로 승리를 만들어 내려고 노력한다.

하지만 잊지 말라. 예수님은 우리 주님이시고 구세주시다. 우리는 단지 그분 안에 거하기만 하면 그분의 승리를 경험하게 된다. 그분이 약속하셨기 때문이다.

"내가 이르노니 너희는 성령을 따라 행하라 그리하면 육체의 욕심을 이루지 아니하리라" 갈 5:16

우리에게 승리를 주시는 분은 하나님의 성령이라고 바울은 말한다. 그러나 우리가 하나님을 좇지 않고 율법적인 삶, 곧 육체의 삶을 살 때 우리는 반드시 패배한다. 성경은 성령을 좇아 행하면 육체의 소욕을 따라가지 않게 된다고 말한다. 그런데 우리는 종종 그 순서를 거꾸로 한다. 육체의 소욕을 극복하고 난 후에야 성령 안에서 살 수 있을 것으로 생각하고 그렇게 실천한다. 그것이 얼마나 어리석은 일인지 아는가? 하지만 우리가 성령 안에 살게 될 때, 성령님이 우리 안에서 역사하시며 육체의 소욕所欲을 극복하도록 이끌어 주신다.

"곧 우리가 원수 되었을 때에 그의 아들의 죽으심으로 말미암아 하나님과 화목하게 되었은즉 화목하게 된 자로서는 더욱 그의 살아나심으로 말미암아 구원을 받을 것이니라" 롬 5:10

하나님은 우리가 죄와 죄의 삯으로부터 해방될 수 있는 길을 열어 놓으셨다. 그것은 예수님의 죽음을 통해서 가능해진 것이다. 우리는 하나님의 아들을 통해서 하나님과 화목하게 되었다. 예수님 안에 거하고 그분을 신뢰하면 우리는 죄와 죄의 삯으로부터 해방된다. 대부분의 사람들은 죄의 삯으로부터 자유로워진 것은 이해하면서도 죄의 권세로부터 해방되었다는 것은 잘 이해하지 못한다.

나는 오래 전에 구원받은 사람이다. 내가 죄의 삯으로부터 해방되었다는 사실은 이미 구원받았을 때 이해했다. 문제는 죄로부터 자유한 것은 알겠는데 어떻게 자아로부터 자유하게 되는

지는 알지 못했다는 것이었다.

이 문제에 대해 로마서 5장 10절의 후반부가 답을 준다.

"곧 우리가 원수 되었을 때에 그의 아들의 죽으심으로 말미암아 하나님과 화목하게 되었은즉 화목하게 된 자로서는 더욱 그의 살아나심으로 말미암아 구원을 받을 것이니라" 롬 5:10

우리가 하나님의 원수일 때에도 예수님이 죽으심으로 하나님과 화해하게 되었다면, 하나님과 화해한 지금은 하나님의 생명으로 구원을 받으리라는 것은 더욱 확실하지 않은가?

우리는 예수님의 죽음을 통해 죄의 권세로부터 자유하게 되었다. 우리 안에 있는, 우리를 통해 나타나는 예수님에 의해 우리는 삶 속에서 날마다 죄의 권세로부터 구원받는다. 그분의 죽음은 우리를 형벌로부터 자유케 했고, 그분의 생명은 날마다 우리를 죄의 권세로부터 자유롭게 한다.

우리는 승리하기 위해 죄와 싸우는 데에 얼마나 지쳐 있는가? 이제 싸우는 것을 그만두어라. 은혜의 삶을 살기 위해서는 이것을 이해하는 것이 중요하다. 승리는 투쟁이 아니라 믿음으로 얻어진다. 우리는 구원받기 위해 싸우지도 않았으며 그리스도인이 되려고 애쓰지도 않았다. 저절로 그렇게 되었다. 마찬가지로 승리는 예수님을 통해 살 때 저절로 얻게 된다.

로마서 7장을 통해 우리는 내 안에 있지만 내가 아닌 죄에 대해서 살펴보았다. 우리가 그리스도 안에 거하지 않으면 죄와 사망의 법이 효력을 발생한다. 그래서 우리는 죄를 짓게 된다. 성경이 말씀하는 또 다른 법을 로마서 8장에서 볼 수 있다.

"이는 그리스도 예수 안에 있는 생명의 성령의 법이 죄와 사망의 법에서 너를 해방하였음이라" 롬 8:2

이것이 어떻게 영향을 미치는지 예를 들어 보겠다. 어떤 높은 빌딩에서 한 남자가 뛰어내리는 장면을 목격했다고 가정해 보자. 그 사람이 떨어지는 것은 당연하기 때문에 우리는 누군가에게 그 사람이 떨어졌냐고 물어보지 않는다. 누구도 중력의 법칙을 피할 수 없기 때문이다. 그런데 만약 이 사람이 행글라이더를 타고 있다면 이야기는 완전히 달라진다. 이 남자는 떨어지는 대신에 날게 된다. 이 사람이 날 수 있는 이유는 행글라이더에 의지하기 때문이다. 여기에 두 가지 법칙이 나타난다. 첫째는 중력의 법칙이고 둘째는 공기 역학의 법칙이다.

이 사람이 하늘을 날 때는 중력의 법칙보다 공기 역학의 법칙에 더 크게 반응한다. 행글라이더가 중력보다 큰 공기의 저항을 받고 있기 때문에 추락하지 않는 것이다. 그런데 이 사람이 행글라이더를 버리고 스스로의 힘으로 날아 보려고 한다면 어떻게 될까? 중력의 법칙이 더 크게 작용하여 이 사람은 곧바로 떨어지게 된다.

이 사람이 행글라이더를 타고 공기 역학의 법칙에 의해 떨어지지 않고 날 수 있는 것처럼 우리가 예수 그리스도 안에 거하면 예수 그리스도 안에 있는 생명과 성령의 법이 우리를 지탱해 준다. 우리가 매 순간 그분 안에 거하기만 하면 성령님이 죄에 대해서 승리할 수 있도록 힘을 준다. 그러나 우리가 그분으로부터 독립하여 살기로 작정하면 무슨 일이 일어나겠는가? 죄와 사망의 법이 작동할 것이다.

예수 그리스도 안에 거하지 않을 때 죄를 짓는 것은 별로 놀랄 만한 일이 아니다. 그분 안에 거하지 않는데 무슨 다른 수가 있겠는가? 우리 안에 있는 죄의 힘 때문에 죄를 지을 수밖에 없게 된다.

　매일 아침 일어나서 이제 죄에 대해, 세상에 대해, 법에 대해 죽었으므로 주님 안에 거하기를 원한다고 기도하라. 주님이 내 생명이 되시고 나를 통해서 나타나게 해 달라고 기도하라. 이런 기도에 무슨 마법이 있는 것은 아니다. 그러나 이것은 우리가 예수님께 온전히 의존한다는 것을 표현하는 것이다. 그렇게 하면 그분은 당신에게 그 전에 경험하지 못했던 승리를 선물로 주실 것이다.

승리는 초점을 바꾸는 것이다

　이스라엘 백성이 여리고 성에 도착했을 때 하나님은 그들에게 성벽 주위를 날마다 한 번씩 돌라고 하셨다. 그러다가 7일째 되는 날 나팔 소리를 듣고 큰 함성을 외치면 성벽이 무너질 것이라고 말씀하셨다. 도저히 머리로 이해되는 방법은 아니었지만 그들은 자신들이 고안한 더 좋은 전략을 쓰고 싶다고 하지 않았다. 그저 하나님의 말씀에 순종했을 뿐이다.

성벽이 무너졌을 때 그들에게 승전의 공로가 돌아갔는가? 승리는 그들에게 그저 주어진 것이기 때문에 그들의 공로가 될 수 없다. 그들이 아무리 기발한 전투계획과 군사력을 강화시켰다 하더라도 그들은 성공할 수 없었을 것이다. 우리의 문제는 하나님의 방법이 아니면 결코 승리하지 못하기 때문이다.

오늘날에도 승리하기 위해 자신의 힘에 의존하여 노력하는 많은 그리스도인들이 있다. 그들의 의도는 좋은 것이고 그들은 최선을 다한다. 많은 사람들이 죄에 초점을 두고 자신의 의로 그것을 극복하려고 한다. 그래서 한 가지 죄를 정복하면 또 다른 죄를 정복하려고 애를 쓰는 것이다. 이것은 마치 물속에 있는 수백 개의 탁구공을 한꺼번에 잡으려는 것과 같다.

불행하게도 얼마나 많은 그리스도인들이 스스로 죄를 극복하겠다고 수없이 다짐을 하는가? 그들은 어떤 죄를 극복하면 또 다른 죄에 관심을 돌린다. 이것은 하나님의 방법이 아니다. 오히려 이것은 죄를 더 강화시킬 뿐이다. 우리는 더 열심히 노력하여 죄를 극복해 보려고 하나님께 도움을 청한다. 그러나 이루어지지 않는다.

당신은 다이어트를 해 본 적이 있는가? 나는 젊었을 때에 살을 빼고 싶어서 여러 번 다이어트를 결심한 적이 있었다. 나는 피자를 정말 좋아한다. 그래서 다이어트를 하게 되면 언제나 피자 생각이 간절하다. 그러나 피자는 칼로리와 지방이 많기 때문에 다이어트를 하려면 먹지 말아야 한다. 그래서 나는 '피자는 안 돼!'라는 다이어트 방침을 세운다. 그러나 슬프게도 그렇게 하고 나면 이 세상에 그 무엇보다도 더욱 피자가 먹고 싶어지는 것이다. 그러던 중에 한번은 창문을 열고 시골 지역을 운전하고 있었다. 그런데 어느 목장을 지날 때 그 주변에서 풍기는 피자 냄새에 사로잡혔다. 시골에서 맡을 수 있는 신선한 공기나 목장의 냄새가 아니었다!

이것이 바로 율법이 야기하는 현상이다. 우리가 죄에 초점을 맞추고 이 죄를 극복하려고 최선을 다해 노력하다 보면, 오히려 그 죄를 짓고 싶은 열망에 사로잡힌다. 어떤 죄에 대해 승리를 체험할 수 있는 방법은 그 죄에 초점을 맞추는 것이 아니라 예수 그리스도께 초점을 맞추는 것이다. 만약 우리가 하나님께 도와 달라고 기도하면서 동시에 자신의 힘으로 승리를 얻으려고 노력한다면 그것은 예수님과는 아무 상관없는 삶이 된다. 이것이 에덴동산에서 인류가 최초로 저지른 죄다.

"육신을 따르는 자는 육신의 일을, 영을 따르는 자는 영의 일을 생각하나니 육신의 생각은 사망이요 영의 생각은 생명과 평안이니라" 롬 8:5-6

죄에 초점을 맞추면 결코 승리할 수 없다. 우리는 죄를 싫어하면서도 다른 한편으로는 죄를 사랑한다. 우리를 향한 예수님의 사랑과 그분 안에서 내가 누구인지를 알게 되면, 죄에 기울였던 관심의 초점이 옮겨 가게 된다.

나는 어렸을 때 공기놀이를 좋아했다. 집 뒤뜰에서 공기놀이를 하곤 했는데 나는 공기놀이가 너무 재미있어서 평생 그것을 할 것이라고 생각했다. 그 당시에는 공기놀이를 그만두게 될 거라고는 상상조차 할 수 없었다. 그런데 하루는 공기놀이를 하고 있는데 옆집 아이가 찾아왔다. 농구를 하는데 세 명밖에 없다고 같이 하자는 것이다. 나는 공깃돌을 내던지고 농구를 하러 갔다. 그러고는 다시는 공기놀이를 하지 않았다. 나는 더 새로운 놀이를 발견한 것이다. 그때 나는 이제부터 매주 금요일에는 평생 농구를 할 것이라고 생각했다.

그런데 내가 열여섯 살이었던 어느 날 한 여자아이가 교회에 왔다. 나는 그때까지 데이트를 해 본 적이 없었는데, 그 여자

아이가 너무 마음에 들어서 데이트를 신청했다. 그리고 금요일 저녁마다 그 여자아이를 만났고 3년 동안 데이트를 하다가 결혼해서 지금까지 25년이 흘렀다. 그런데 무슨 일이 일어났는지 아는가?

더 좋은 것이 오면 이전 것은 지나간다. 인형이나 장난감이 자기 인생의 전부인 것처럼 알던 아이들도 자라면 '더 좋은 것'을 찾아가기 마련이다. 은혜가 오면 율법이 물러나며, 빛이 오면 어둠을 몰아낸다. 기도가 시작되면 두려움은 흩어지고, 말씀이 오면 인생이 정리된다.

기억하라. 더 좋은 것은 이미 와 있다. 문제는 초점을 어디에 두고 있는가에 있다.

"영생은 곧 유일하신 참 하나님과

그가 보내신 자 예수 그리스도를 아는 것이니이다"_요 17:3

7장 생명의 삶

복음의 핵심을 다시 점검하라

오늘날 교회가 세상에 나아가 변화를 일으키려면 우리가 예수님 안에서 누구인가를 이해해야 한다. 우리의 정체성과 그분의 은혜를 이해하게 되면, 우리는 비로소 종교적인 율법에 얽매이지 않고 사랑의 동기를 가지고 무언가를 할 수 있게 된다.

우리는 그동안 그리스도인의 정체성은 무엇인지, 어떻게 의인이 되었는지, 어떻게 율법에 대해 죽었는지에 대해 나누었다. 이것을 알게 된 우리는 '매일의 삶을 어떻게 살아야 할 것인가,

어떻게 하면 계속해서 하나님의 은혜 안에 머물러 있을 수 있는가, 우리가 영적인 생활의 의무로부터 벗어나게 되면 성경공부, 기도, 전도, 교회 생활이 어떻게 바뀌게 될까?' 하는 물음을 갖게 된다. 그 대답은 '예수님이 우리를 통해서 사실 때 우리 삶을 통해 자연스럽게 나타나게 된다'는 것이다.

예수님은 이 세상에 존재하는 가장 영적인 분이시다. 그러나 우리 인간만큼 아주 정상적이고 자연스러운 생활을 하셨다. 영적인 생활을 한다는 것은 중세 시대로 돌아가 고리타분하게 사는 것을 의미하지 않는다. 영적이라는 것은 단순히 주님 안에 거하는 것을 의미한다.

영적인 삶을 살기 위한 지름길은 예수 그리스도가 나를 통해 사시도록 허락하는 것이다. 이것이 복음이다. 그분이 우리를 위해 십자가에서 생명을 내어 주셨다. 예수님이 우리를 통해 자신을 나타내는 것이 바로 복음의 핵심이다. 이것은 새로운 메시지가 아니다. 이것은 오랫동안 수많은 목사님의 설교나 성경의 가르침을 통해 들어 온 내용이다.

교회에 오는 사람들에게 동기를 부여하는 자연스러운 방법은 많다. 교회에 모인 사람들은 그리스도인의 삶을 살기는 하지만, 대부분 의무감으로 행동한다. 왜냐하면 우리가 죄에서 해방되었다는 것을 잘 이해하지 못하고 있기 때문이다.

그리스도 안에 있는 우리에게 여전히 남아 있는 죄는 없다. 하나님은 우리의 모든 죄를 예수님께 지우시고 십자가에 못 박으셨다. 거기서 하나님은 우리 죄를 다루시고 우리를 깨끗하게 하셨다. 사도 바울은 로마서 8장에서 '그리스도 예수 안에 있는 자에게는 결코 정죄함이 없나니'라고 말했다.

은혜는 우리에게 선한 동기를 부여한다. 우리가 예수님과 함께 걸을 때 생명력 있게 살도록 하는 원동력이 바로 은혜이다. 은혜의 삶은 에너지가 넘치고 하나님의 권능이 힘차게 흐르는 삶이다.

신약성경에 나오는 하나님의 힘은 다이너마이트와 같다. 하나님 안에 거하는 것은 이러한 폭발적인 힘을 갖고 사는 것이다. 그전에 없던 소망과 동기가 생기고 더 이상 죄책감에 시달리지 않게 된다.

어떤 시골 교회에 존이라는 사람이 뱀에 물렸다. 이 사람은 교회에 잘 나오지 않았고 당연히 봉사도 하지 않는 사람이었다. 이 시골 교회의 목사가 뱀에 물린 그를 찾아가서 그를 위해 기도해 주기를 원하느냐고 물었다. 그와 그의 가족은 당연히 기도해 주기를 원한다고 대답했다. 그러자 그 목사는 그의 손을 잡고 이렇게 기도했다.

"주님! 뱀이 존을 물게 하셔서 감사합니다. 이제는 그를 잠에서 깨워 주십시오. 그는 오랫동안 교회에 나오지 않았습니다. 그를 흔들어 바로 세워 주십시오. 주님 한 가지 다른 부탁이 있는데, 다른 뱀이 존의 형제를 물게 하시고, 또 다른 뱀이 그의 아버지를 물게 하십시오. 이들은 우리가 보내는 카드와 편지와 기도에 주의를 기울이지 않았으니 올해는 뱀들이 우리보다 많은 일을 하게 하여 주소서. 주님! 이 가정이 올바로 서기를 원하신다면 이들에게 더 큰 뱀도 보내 주소서."

정말 이상한 접근을 하고 있지 않은가? 오늘날의 교회에서도 이러한 접근을 할 때가 가끔 있다. 죄책감을 이용해서 사람들로 하여금 스스로 무언가를 해야 한다고 생각하게끔 조종하는 것이다. 우리가 예수 그리스도 안에서 우리 자신의 정체성을 확립하면, 우리는 사랑의 동기를 가지게 되기 때문에 죄책감에 조종당할 필요가 없게 된다.

은혜로 사는 것은 거룩한 삶이다. 우리가 은혜 안에 있으면 우리가 스스로 노력하려고 발버둥 치지 않아도 율법으로부터 자유로워지고 자연스럽게 성경이 가르치는 삶과 연결된다.

신약성경을 율법적인 관점에서 접근하면 구약성경과 마찬가지로 모든 것이 의무로 다가온다. 율법적인 그리스도인은 성경을 볼 때 죄책감과 정죄감을 느낀다. 그러나 하나님이 의도하는 바는 그것이 아니다.

은혜의 관점에서 성경을 보게 되면 하나님을 영화롭게 하고 싶다는 마음이 저절로 우러나온다. 성경을 읽고 하나님의 계명을 알게 될 때 예수님이 나를 통해 살 수 있는 길을 발견한다. 마음에 자연스러운 소원이 생겨서 하나님께 순종하게 된다. 그래서 순종이 우리의 기쁨이 되는 것이다.

우리가 가지고 있는 사랑의 마음을 하나님께 자연스럽게 표현할 때, 우리는 하나님의 계명을 성취한다. 그것들이 우리에게 무겁게 매달려 나를 짓누르기 때문에 어쩔 수 없이 하는 것이 아니라 내가 하고 싶어서 순종하는 것이다.

하나님의 사랑이 우리에게 임해서 우리가 자연스럽게 그 계명을 지키게 하는 것이라면 그 계명은 부담스럽지 않다. 이것이 바로 우리가 계명을 지킬 수 있도록 도와주는 하나님의 사랑이다. 우리가 주님의 계명을 지키게 되면 우리는 그 법을 더욱 잘 알게 되고 그것은 우리에게 부담이 되지 않는다. 그것은 마치 부모가 자녀들을 사랑하기 때문에 기꺼이 그들의 필요를 채워 주며 그 이상의 일도 마다하지 않는 것과 같다. 사랑이 행동의 동기가 되는 것이다.

은혜 가운데 사는 것도 마찬가지다. 우리가 계속해서 은혜 가운데 거하면 우리의 행위에 예수 그리스도의 생명으로부터 오는 능력을 덧입게 된다. 이것들은 우리를 짓누르는 짐이나 의무가 아니라 기쁨이다.

계시를 받기 위해 성경을 읽어라

이제 그리스도인의 삶에 있어서 좀 더 실제적인 부분을 살펴보겠다. 왜냐하면 어느 누구라도 그리스도인의 삶에 은혜가 끼치는 중요한 면을 무시하거나 간과하지 않기를 바라기 때문이다. 우리는 어떤 특정한 종교적 규칙을 자기 자신에게 강요하고 그에 따라 살려는 경향이 있다. 하지만 동전의 다른 면을 보는 것처럼 우리가 종교적 규칙을 뛰어넘어 은혜로 살게 되면 마음의 부담이 아닌 하나님을 향한 소망이 생긴다.

우리는 왜 성경을 읽는가? 성경은 영적인 삶을 완성하는 데에 중요한 부분이다. 하지만 율법적인 관점을 갖고 성경을 읽는 사람은 정보를 얻기 위해 또는 성경의 전문가가 되기 위해 성경을 보게 된다. 그러나 그것은 공허한 의식 같은 것이다.

어린 시절 주일이 되어 교회에 가면 날마다 성경을 읽었는지를 점검하는 종이가 벽에 붙어 있었던 기억이 난다. 주일 전날, 읽어야 할 분량을 읽지 않았으면 얼른 성경책을 펴서 허둥지둥 건성으로 읽곤 했다. 어쨌든 성경을 읽기는 했다.

어른이 된 지금도 성경책을 보면 읽어야 한다는 부담감을 가지게 되고, 한꺼번에 많은 말씀을 읽은 다음에야 안도감을 느낄 때가 있다. 이것은 성경을 읽는 좋은 이유도, 방법도 아니다.

은혜는 우리 안에 성경, 즉 말씀에 대한 갈망을 준다. 예수님과 친밀해지지 않으면 성경이 무엇을 말하고 있는지 이해하지 못하기 때문이다. 만약에 이것이 의심스러우면 예수님 시대의 사람들을 생각해 보라. 바리새인들은 성경 전문가였다. 이들은 구약의 각 구절은 물론이고 책 전체를 꿰고 있는 사람들이었다.

이 바리새인들은 오늘날 그리스도인들이 아는 것보다 성경을 훨씬 더 많이 알고 있었다. 그런데 어느 날 예수님이 이들과 말씀을 나누다가 그들의 성경 접근 방식을 보고 이렇게 말했다.

"너희가 성경에서 영생을 얻는 줄 생각하고 성경을 연구하거니와 이 성경이 곧 내게 대하여 증언하는 것이니라" 요 5:39

예수님께서는 "너희들이 성경을 찾는 이유는 성경 지식이 영생을 줄 거라고 여기기 때문이다. 그런데 성경이 말하고 있는 바가 곧 나라는 것을 알지 못하느냐? 내 생명을 얻기 위하여 너희들은 내게로 와야 한다"라고 말씀하신 것이다.

나는 성경이 성령님의 감동으로 된 책이라는 것을 믿는다. 성경 기자들의 생각과 성격이 묻어나기는 하겠지만, 하나님이 그들을 도구로 사용하셨다는 것을 믿는다. 나는 성경에 실수가 없다는 것도 믿는다. 그러나 때론 성경을 읽는데도 마음이 뜨거워지지 않을 때가 있다. 그것은 성경 속에서 예수님을 만나지 못했기 때문이다. 율법적인 태도로 성경을 보면 그 안에 계신 예수님을 놓쳐 버린다.

성경을 볼 때 우리는 무엇을 해야 한다는 메시지를 받는다. 그러고는 '옳은 일'을 하는 데 집중하게 된다. 그런데 성경은 그보다 더 많은 의미를 지닌다. 어떤 이들은 성경이 무엇을 말하는지 알기를 원한다. 그러다 보면 이 주석, 저 주석, 여러 가지 다른 번역본을 섭렵하면서 성경을 공부한다. 그러나 이것은 성경에 접근하는 좋은 방법이 아니다.

성경에서 단순히 지식만을 취한다면 정말 위험한 일이다. 바울은 '지식은 단지 교만하게 만든다'라고 분명히 말했다. 하나님께서는 우리가 성경을 통해 예수님을 좀 더 친밀하게 알기를 원하기 때문에 우리가 성경을 통해 단순히 지식만 얻는 것은 충분하지 않다.

> "영생은 곧 유일하신 참 하나님과 그가 보내신 자 예수 그리스도를 아는 것이니이다" 요 17:3

영생은 하나님과 예수님을 아는 것이라고 했다. 우리는 정보를 얻기 위하여 성경을 읽는 것이 아니라 계시를 받기 위해 읽어야 한다. 성령님이 성경의 단어들에 생기를 불어넣어 우리에게 살아 역사하시는 말씀이 되게 하시는 것이다.

　성경을 바르게 읽을 때 하나님이 우리에게 말씀하시는 것을 경험하게 된다. 그러나 우리가 예수님을 만나지 않고 습관적으로 성경을 읽으면 성경을 은혜의 관점에서 보지 못하며 그 말씀은 생명력을 얻지 못한다.

　얼마 전에 나는 남성 수련회에 참석하느라고 며칠 동안 집을 떠났다. 그곳에서 머문 첫날 저녁 잠자리에 들 시간이 되었다. 여행 가방을 열고 목욕 용품을 챙기다 아내의 쪽지를 발견했다. 그 쪽지는 아내의 애정이 담긴 정말 달콤한 내용이었다. 나는 빙긋이 미소를 지었다.

　다음 날 아침 옷을 입고 모임에 갈 준비를 하는데, 양복 주머니에 또 무언가가 있었다. 꺼내 보니 또 다른 쪽지였다. 처음 것보다 더 낭만적인 내용이어서 더욱 감동이 되었다. 그 날 저녁에도, 다음 날 아침에도 같은 일이 반복되었다. 다음 날 저녁에 결정적인 일이 일어났다. 여행 가방을 열고 속옷을 꺼내는데 편지 봉투 하나가 떨어졌다. 그 봉투를 집어 드는 순간 아내의 향수 냄새가 가득히 밀려왔다. 편지를 보면서 동시에 아내의 체취를 느낄 수 있었다. 이 편지들은 나름대로의 목적이 있었다. 아내가 자신의 사랑을 표현하기 위해서 보낸 것이었다. 그 편지들은 아내를 보고 싶은 나의 소망을 더 자극했다.

성경이 바로 이와 같다. 성경은 학문적인 책이 아니다. 이 책은 세상에 있는 여느 책과는 달리 하나님께서 우리에게 보내는 사랑의 편지다. 우리가 은혜의 관점으로 이 책에 접근할 때 우리는 간절한 소원을 가지고 예수님에 대한 사랑과 친밀함을 키워 나갈 수 있다.

우리가 주일마다 말씀을 듣는데 성경을 꼭 읽어야 하냐고 누군가 물어본다면, 나는 물론이라고 대답할 것이다. 어떻게 성경을 안 읽고 살 수가 있겠는가?

하나님을 알기 위해 기도하라

그리스도인의 삶 가운데 은혜의 관점에서 이루어져야 할 또 다른 중요한 영역은 기도 생활이다. 지난 수년 동안 나는 말씀 묵상을 하고 있다. 묵상을 하는 동안 나는 정말 조용히 주님 앞에 나아가곤 한다. 그런데 가끔은 기도하다가 잠이 들어버리기도 한다.

신약성경의 계명을 보라. 데살로니가전서에서 바울은 쉬지 말고 기도하라고 했다. 어떻게 그럴 수 있을까? 그렇다면 항상 눈을 감고 고개를 숙이고 기도해야 하는 것인가? 하루를 살면서 "주님, 이렇게 해 주시고 저렇게 해 주세요"라고 계속해서 말해야 하는가? 아니다. 물론 하나님과 대화하듯이 말로 기도하는 것도 필요한 부분이다.

그러나 쉬지 말고 기도하라는 말은 '늘 하나님과 함께 하라'는 의미다. 그분이 말씀하실 때 내가 반응함으로 그분 안에 거하는 친밀한 관계를 맺는 것이다.

나와 아내는 대화를 하지 않아도 함께 한다. 우리 아이들은 말을 하지 않아도 서로 대화하고 있다고 생각한다. 우리는 서로를 친밀하게 알기 때문에 눈빛으로도 서로의 생각을 아는 것이다. 우리는 말을 하며 살지만 때로 특별한 주제가 없으면 말을 하지 않기도 한다.

이와 같이 기도는 내가 하고 싶은 말을 늘어놓는 것이 아니라 그냥 잠잠히 있는 것을 포함해 하루 종일 모든 순간을 주님과 함께 하는 것이다. 은혜는 단조롭고 딱딱한 기도로부터 우리를 자유롭게 해 준다.

내 딸 에이미가 어렸을 때 우리는 침대에서 함께 기도를 했는데 잠자리에 들기 전 에이미가 한 기도는 "위대하시고 선하신 하나님! 우리에게 음식을 주셔서 감사합니다"라고 한 것이 전부였다. 하지만 그 기도에는 하나님을 향한 에이미의 감사가 진실되게 녹아 있었다.

나는 사람들이 매일 밤 같은 시간에 같은 말로 기도하는 것을 들은 적이 있다. 같은 말을 반복하는 것은 기도가 아니다. 기도는 우리가 천국에 있는 아버지께 말할 수 있는 기회다.

기도의 주된 목표는 하나님의 뜻을 아는 것이 아니라 하나님을 아는 것이다. 하나님을 친밀하게 알고 그분의 생명이 우리의 생명임을 알 때 예수 그리스도의 마음을 품게 된다. 그래서 우리는 기도로 그분을 경험한다.

전도는 어떤가? 얼마나 많은 사람들이 우리에게 간증을 해야 한다고 요구하며, 다른 사람에게 복음을 전해야 한다고 말하는가?

여기서 나의 의문은 우리가 왜 그토록 전도를 부담스러워하느냐는 것이다. 은혜는 우리가 전도할 수 있도록 도와주며, 그것이 의무감이 아니라 예수님과 이웃에 대한 사랑 때문에 하고 싶도록 만든다. 은혜는 우리가 사람들을 볼 때 그들이 어떤 존재인지를 제대로 알 수 있도록 도와준다. 예수님은 이들을 위해서 돌아가신 것이다. 예수님이 자신을 내어 주기까지 사랑하신 바로 그 존재다.

은혜는 우리가 마음을 열고 예수 그리스도의 구원 계획에 대해 알려줄 뿐만 아니라 하나님의 사랑을 나누게 한다. 우리는 예수님과 그분이 주신 사랑, 또한 우리가 그분 안에서 어떤 존재인지를 이해했을 때 진정한 간증을 할 수 있다.

나는 오늘날 교회가 전도를 강권하고 있다는 것을 알고 있다. 이것은 신약의 교회에서는 나타나지 않는 일이다. 사도행전 4장에는 베드로와 요한이 예수님을 선포한 것 때문에 매를 맞는 장면이 나온다. 그런데 공회에서 그들이 한 일의 옳고 그름에 대해 논의할 때 그들의 반응은 어떠했는가?

> "베드로와 요한이 대답하여 이르되 하나님 앞에서 너희의 말을 듣는 것이 하나님의 말씀을 듣는 것보다 옳은가 판단하라 우리는 보고 들은 것을 말하지 아니할 수 없다 하니" 행 4:19-20

이들은 '우리는 그렇게 하지 않을 수가 없었다'라고 말한다. 결국 우리가 누구인지 알지 못하면서 예수님에 대해 말하고 싶은 동기를 부여받는 것은 어렵다. 우리는 우리가 그리스도 안에서 누구인지 알 때, 즉 우리의 정체성을 알 때 예수님에 대해 말할 수 있는 동기를 부여받게 된다.

그리스도의 몸은 하나다

교회는 어떤가? 은혜의 관점에서 이해해야 할 또 다른 영역이 있다면 그것은 교회다. 하나님은 우리에게 그리스도가 자신을 드린 교회를 주셨다. 그리고 우리를 교회 공동체로 부르셨다.

우리는 은혜로 말미암아 이것을 깨닫는다. 그러나 율법주의는 배타적이라서 '나처럼 해야만 한다'라고 말한다. 율법주의자는 누군가 나와 다른 은혜를 가질 때 그 사람은 다를 뿐만 아니라 틀렸다고 말한다. 사람들이 교회에 대해 말할 때 서로 논쟁하는 것을 보게 된다.

하지만 오해하지 말라. 지금 나는 그리스도인이 공통으로 믿고 있는 기독교의 원칙이 없다고 말하는 것이 아니다. 다만 은혜의 다양성에 대해 말할 뿐이다.

나는 하나님께서 이 말세에 교회가 더욱 연합하기를 바라신다고 믿는다. 기능에서는 이미 하나지만 본질적으로도 우리가 하나로 연합되기를 하나님은 소망하신다. 그렇다고 우리가 모두 동일할 필요는 없다. 내 친구를 나처럼 만들 필요도 없고 내 친구가 꼭 우리 교회에만 나올 필요도 없다. 내가 믿는 바 전부를 내 친구에게 믿게 할 필요도 없다. 예수님의 교회는 몸이고 그 몸에는 다양성이 있다.

우리는 하나다. 나는 에베소서에 있는 바울의 표현을 무척 좋아한다. 이 말씀에 하나라는 말이 몇 번이나 반복되는지 주목해 보라.

> "몸이 하나요 성령도 한 분이시니 이와 같이 너희가 부르심의 한 소망 안에서 부르심을 받았느니라 주도 한 분이시요 믿음도 하나요 세례도 하나요 하나님도 한 분이시니 곧 만유의 아버지시라 만유 위에 계시고 만유를 통일하시고 만유 가운데 계시도다 우리 각 사람에게 그리스도의 선물의 분량대로 은혜를 주셨나니" 엡 4:4-7

당신과 나, 그리고 이 지구의 모든 믿는 사람이 하나다. 조용한 교회에 가는 사람이 있고, 역동적인 교회에 가는 사람이 있다. 행정을 이런 방법으로 하는 교회가 있고 저런 방법으로 하는 교회가 있다. 그리스도의 몸은 이렇게 다양하다.

나는 지금 하나님이 일하시는 구원의 방식, 즉 예수님이 하나님의 아들임을 부인하는 이단 그룹에 대해 말하는 것이 아니다. 그리스도의 몸은 다양한 부분들이 함께 존재한다. 그리스도로 인해 서로 사랑하자. 우리의 겉모습과 나타나는 행위들은 다를지라도 그분 안에서는 하나이기 때문에 우리는 하나다.

"몸은 하나인데 많은 지체가 있고 몸의 지체가 많으나 한 몸임과 같이 그리스도도 그러하니라 우리가 유대인이나 헬라인이나 종이나 자유인이나 다 한 성령으로 세례를 받아 한 몸이 되었고 또 다 한 성령을 마시게 하셨느니라" 고전 12:12-13

고린도전서 6장 17절 또한 '주와 합하는 자는 한 영'이라고 말한다. 우리가 그분과 함께라면 우리는 하나다.

이보다도 더 명확한 그림이 어디 있겠는가? 우리 집에 3차원 입체 그림이 있는데 처음에 보면 한 형체로 보이지만 한참을 들여다보면 그 안에는 또 다른 그림이 보인다. 처음 이 그림을 살 때 점원이 나에게 또 다른 그림이 있다고 했는데 나는 보지 못했다. 그런데 아내는 보인다는 것이다. 그래서 나는 여자들한테는 보이지만 남자에게는 보이지 않는다고 생각했다.

내가 계속 그림이 보이지 않는다고 말하자 그 점원은 그림을 덮고 있는 유리를 응시하고서 초점 거리를 두 배로 늘리면 보인다고 했다. 그래서 그렇게 했더니 정말로 다른 그림이 나타나는 것이었다. 그 그림의 아름다움을 새롭게 본 것이다.

교회를 보는 것도 마찬가지다. 어떤 사람은 우리의 전통에 너무 가까이 서 있다. 그들이 거리를 두고 뒤로 물러나 교회를 오랫동안 유심히 살펴본다면 분명히 다른 그림을 보게 될 것이다. 하나님의 가족은 우리가 처음 믿었을 때 생각했던 것보다 훨씬 크다.

하나님의 교회도 역시 우리가 처음 하나님을 믿을 때 생각했던 것보다 훨씬 크다. 우리가 거리를 두고 하나님의 가족을 보고, 우리가 그분 안에서 누구인지를 보게 된다면 우리는 서로 사랑하게 된다. 예수님이 말했던 그 연합, 하나됨을 경험하게 되는 것이다.

교회에 가는가? 왜 가는가? 가지 않는다면 왜 가지 않는가? 무엇을 하든지 동기가 중요하다. 율법적인 행동 양식으로 교회를 갈 수도 있고 사랑으로 갈 수도 있다.

나는 자신이 중요하다고 생각하는 각각의 영역들, 곧 기도, 성경공부, 전도 등에서 은혜의 관점으로 이 일들을 하기 바란다. 하나님이 우리를 무조건적으로 사랑한다는 것을 기억하라. 그분의 사랑을 받고 그분이 우리를 통해 사실 수 있도록 허락하라. 그것이 은혜 가운데 사는 삶이다.

"진리를 알지니

진리가 너희를 자유롭게 하리라"_요 8:32

8장 감정을 초월하여 사는 삶

감정은 우리를 쉽게 속인다

하나님은 그분의 모든 자녀가 그리스도의 생명을 충분히 즐기며 살기를 원하신다. 그러나 불행하게도 우리는 그동안 잘못된 믿음으로 생활해 왔다. 사탄이 우리에게 거짓을 주입시켰고, 그것을 믿어서 거짓의 종이 되었다. 예수님은 요한복음에서 이렇게 말씀하신다.

"진리를 알지니 진리가 너희를 자유롭게 하리라" 요 8:32

진리가 우리를 자유롭게 한다면 거짓은 우리를 어떻게 하겠는가? 우리를 묶는다. 그것은 의심할 여지가 없다. 하나님과 우리의 원수인 사탄은 우리를 공격하기 위해 참소와 유혹과 같은 온갖 방법을 다 동원한다. 그 중에서 교회를 향한 그의 가장 큰 무기는 속임수다. 사탄은 우리가 진리가 아닌 것을 믿도록 만든다. 많은 그리스도인들에게 다가가 하나님이 말씀하신 것은 사실이 아니라고 속삭인다. 그 덕분에 우리는 잘못된 믿음을 가지고 살아 왔고 그래서 우리의 삶은 황폐해졌다. 그런데도 우리는 왜 그렇게 되었는지를 모른다. 그것은 사탄이 우리를 속여 왔기 때문이다.

작년에 나는 우리 아이들과 놀이 공원에 갔다. 요즘 인기 있는 것 중에 자이로드롭이라는 놀이 기구가 있는데 자리에 앉으면 안전벨트를 매고 빌딩 10층 높이까지 올라갔다가 갑자기 떨어지는 놀이 기구다. 그런데 아이들이 그 기구를 타자고 하는 것이다. 내가 타지 않으려고 하니까 겁을 먹었다고 놀려 댔다. 그래서 나는 아이들에게 놀림당하지 않으려고 결국은 그 무시무시한 놀이기구를 타게 되었다.

자리에 앉아 벨트를 매자 드디어 내 감정이 살아나기 시작했다. 공포의 감정이 나에게 말하기 시작했다. 아니, 소리를 지르기 시작했다. 그리고 공중으로 올라가자 내가 죽을 것이라고 계속해서 말하는 것이었다. 공중으로 올라가 있을 때 내 감정과 생각이 그렇게 말하는 순간 나는 정신을 차리고 나에게 대답하기 시작했다. '아니야. 나는 곧 땅에 안전하게 내려갈 거야. 많은 사람들이 타는 것을 봤지만 아무도 죽지 않았어. 똑똑한 기술자가 디자인했을 테니까 사람들이 타다가 죽을 염려는 하지 않아도 돼. 이 놀이 공원을 만들고 나서 안전 검사도 했을 테고 승인을 받아서 운영하는 것이니까 괜찮을 거야'라고 생각했다. 이렇게 생각하는데 높은 데서 다시 내려다보니 내 감정이 또 다시 '죽지 않을지는 모르지만 어쩌면 등을 다칠지도 몰라' 하고 말하는 것이다.

그러나 나는 놀이 기구가 바닥으로 내려왔을 때 죽지 않았고 등도 다치지 않았다. 오히려 평생 기억에 남을 정도로 재미있는 경험을 했다. 여기서 내가 말하고자 하는 바는 내 감정이 내게 거짓말을 했다는 것이다. 그런데 이 감정을 다루기 위해서 우리는 그 감정에 정직하게 맞서야 한다. 왜냐하면 우리의 감정은 얼마든지 우리를 속일 수 있기 때문이다.

우리가 속을 수 있는 또 다른 것은 지성이다. 우리는 마음속에 잘못된 생각을 품을 수 있다. 진리에 근거하지 않고 성경에 기초하지 않은 확신을 가질 수 있다. 그러나 우리가 전적으로 확신하는 것이 절대적으로 틀릴 수도 있다. 어떤 믿음을 가지고 그것이 옳다고 생각하지만 결국은 옳지 않을 수도 있다. 어떤 거짓은 아주 완벽하게 사실인 것처럼 포장된다.

우리가 그런 거짓으로부터 자유할 수 있는 유일한 길은 진리가 드러나도록 하는 것이다. 그 거짓이 우리에게 드러나는 유일한 때는 성령님이 우리에게 계시하여 주실 때다. 이제 하나님이 말씀하셨음에도 불구하고 그리스도인들이 믿기 어려워하는 실제적인 진리에 대해 알아보자.

믿기 어렵지만, 믿어야만 하는 황홀한 진실

많은 그리스도인들은 하나님께 더 용납받기 위해 자신을 변화시키려고 노력한다. 그러나 성경은 우리가 사랑하시는 자 안에서 용납받았다고 분명하게 말한다. 하나님은 그분의 자녀인 우리를 있는 그대로 용납하신다.

"우리가 아직 죄인 되었을 때에 그리스도께서 우리를 위하여 죽으심으로 하나님께서 우리에 대한 자기의 사랑을 확증하셨느니라" 롬 5:8

예수님은 우리가 믿기도 전에 우리를 위하여 죽으셨다. 그렇다면 예수님을 믿고 난 지금은 얼마나 더 우리를 용납하실지 생각해 보라.

사람들이 믿기 어려워하는 진리가 하나 더 있는데, 그것은 '하나님이 우리를 지금보다 더 많이 사랑하시도록 하기 위해 우리가 할 수 있는 것은 아무것도 없다'는 것이다. 이미 하나님이 우리를 사랑하고 계시기 때문에 우리가 더 이상 할 것이 없다. 그분은 우리를 이미 사랑하신다. 우리 안에 사랑받기에 합당한 무언가가 있기 때문이 아니라 하나님의 풍성하신 사랑의 본질 때문에 우리를 사랑하시는 것이다. 우리는 하나님의 사랑이 인간의 사랑과 같을 것이라고 오해하기도 한다. 하지만 사람의 사랑은 하나님의 사랑과 아주 많이 다르다. 인간의 사랑은 상대방에게서 사랑할 만한 합당한 조건을 발견했을 때 시작된다.

어떤 사람이 오페라 가수의 노래하는 모습을 보고 사랑에 빠졌다. 그는 이 여자가 노래하는 것을 너무 사랑했기 때문에 말하는 것도 사랑스럽게 느껴졌다. 같이 있으면 노래를 불러 달라고 했고, 늘 함께 있고 싶어서 결국 청혼을 하게 되었다. 그런데 신혼여행을 떠나 호텔에서 잠자리에 들 시간이 되자, 이 여자가 가발을 벗어서 서랍 속에 넣는 것이었다. 또 그렇게 아름다웠던 눈에서 색깔이 들어간 콘택트렌즈를 빼내었다. 이 모습에 너무 놀란 남자는 화를 내며 '노래를 해!'라고 계속해서 소리를 질러댔다. 인간의 사랑은 바로 이와 같다. 종종 우리는 자기가 좋아하는 점에 매료되어 그 사람을 사랑하게 된다.

하나님은 우리를 있는 모습 그대로 사랑하신다. 하나님은 우리 안에 있는 어떤 자질 때문에 우리를 사랑하시는 것이 아니다. 하나님은 우리가 구원받았을 때 우리 삶의 모든 죄를 용서하셨다. 그리고 지금의 이 상태로 우리를 온전히 용납하시며 우리를 보고 기뻐하신다. 스바냐 3장 17절에서는 "그가 너로 인하여 기쁨을 이기지 못하여 하시며 너를 잠잠히 사랑하시며 너로 인하여 즐거이 부르며 기뻐하시리라"라고 했다. 하나님은 우리 안에서 우리와 함께 계신다. 천국에서 우리를 보며 천사들에게 말씀하고 계실 하나님을 상상해 보라.

"여기 좀 봐. 너무 사랑스럽지 않아? 이렇게 사랑스러운 사람을 어떻게 사랑하지 않을 수가 있겠어?"

우리에 대한 열정으로 기뻐하시고 웃으시며 손뼉을 치시고 잠잠히 있지 못하시는, 약간 제정신이 아닌 것처럼 보이는 그 하나님! 이것이 바로 진리이고 우리를 향한 아버지의 마음이다.

믿기 힘든가? 나도 처음에는 이것을 믿기가 어려웠다. 그러나 부정할 수 없는 진리는 '하나님이 우리를 완전히 용납했다'는 것이다. 우리는 그리스도 안에서 용납받았다. 용납받지 못했던 그 사람은 예수님과 함께 십자가에 못 박혀 이미 죽었다. 아담과 함께 있었던 나의 옛사람은 죽은 것이다. 우리는 예수님의 생명을 대가로 지불해서 새로운 피조물이 되었다. 예수님은 우리를 보고 전율하신다.

이 계시를 받아들이고 삶 가운데 하나님의 말씀을 적용하면 우리는 자유하게 된다. 하나님이 우리를 완전히 용납한다고 생각하지 않으면 우리는 용납받기 위해서 항상 노력하게 된다. 성령님이 우리의 마음속에 이 진리를 계시하여 주시도록 기도하기 원한다.

제임스 돕슨 박사의 부친은 돌아가시기 전에 꿈을 꾸었다. 그 꿈에서 예수님은 책을 쓰고 계셨다. 예수님은 고개를 들어 돕슨 박사 부친을 바라보시고는 다시 책을 쓰시다가 고개를 들어 미소를 지으셨다. 이 분은 예수님이 무엇을 쓰고 계신지 궁금해졌다. 가까이 다가가 뭐라고 쓰시는지 보았다. 거기에는 '그는 영원히 용납받을 만하다'라고 쓰여 있었다. 이것이 바로 우리 모두에게 해당되는 진리다.

나는 이 진리를 받아들이기가 어려웠다. 하나님이 나를 구원하셨다는 것은 알았지만 나를 용납하신다는 것은 믿기가 어려웠기 때문이다. 언젠가 나는 천국에 들어가는 상상을 해 본 적이 있었다.

예수님과 나 사이에 거리가 좀 있는데 나를 쳐다보시며 나를 향해 팔을 뻗고 계신다. 내가 주님께 가까이 달려가 품에 안기려고 할 때 주님은 나를 지나쳐 내 뒤에 있는 빌리 그레이엄 목사를 포옹하신다. 나는 그 모습을 보며 멍하니 서 있다.

이처럼 나는 하나님이 빌리 그레이엄 목사와 같은 사람만을 용납하시고 사랑하신다고 생각했다. 이 사람의 생애를 돌아보라. 그럴 만하지 않은가?

그러나 하나님은 우리를 빌리 그레이엄 목사뿐만 아니라 다른 어느 누구와도 똑같이 받아주신다. 우리 모두가 예수님을 통해 하나님께 가기 때문이다. 만약 1에서 10까지 점수를 매긴다면, 하나님 아버지가 그 아들 예수님에게 몇 점을 주셨을 것 같은가? 10점이다. 빌리 그레이엄은? 사도 바울은?

여기서 말하고 있는 주제에 대해서 당신은 온 믿음과 마음과 뜻을 다하여 받아들여야 한다. 하지만 우리의 감정은 우리가 이것을 받아들이도록 허락하지 않을 수도 있다. 따라서 우리의 감정을 어떻게 다루는가가 중요하다.

정상적이고 자연스런 인간의 감정

마틴 루터에 관한 글을 읽은 적이 있다. 그가 한번은 심한 우울증에 빠진 적이 있었다. 하루는 그의 아내가 장례식 갈 때 입는 검은 옷을 입고 그에게 다가왔다. 마틴 루터는 아내의 옷을 보고 누가 돌아가셨냐고 물었다. 그러자 아내는 "최근 당신이 마치 하나님이 돌아가신 것처럼 행동했기 때문에 애도하기 위해서 그랬다"라고 대답했다는 것이다.

만성 우울증은 예외지만 우리의 삶 가운데 기분이 우울해지는 일은 지극히 정상적이다. 그러나 좋지 않은 상황에 대해서 정상적인 인간의 감정을 가지고 반응하는 것과는 달리, 원수가 그렇게 느끼도록 이끄는 속임수에 귀를 기울이면 우리는 곤경에 빠지게 된다.

감정은 그저 감정일 뿐이다. 중요한 것은 그 감정을 가지고 우리가 어떻게 행동하느냐다. 우리가 부정적인 감정을 느낄 때는 우리 자신에게 무엇이 진리인지를 물어볼 필요가 있다. 우리가 느끼는 감정과 상관없이 우리는 하나님이 어떻게 말씀하시는지에 대해 알아야 한다.

우리가 또 이해해야 할 것은 누구도 감정이 침체되는 상태에 처할 수도 있다는 것이다. 성경에 나오는 인물들의 삶을 보면 감정적인 침체를 경험한 사람을 많이 볼 수 있다. 사도 바울이 그 중 한 사람이다. 그는 활동적인 그리스도인이었고 역사상 가장 깊이 있는 설교를 한 사람이다. 이러한 사도 바울도 가끔씩 심한 불안 증세를 겪어서 죽고 싶은 심정까지 들었다는 것을 혹시 알고 있는가? 아마 믿을 수 없을 것이다. 그와 같은 믿음의 사람이 정말 그랬을까?

"형제들아 우리가 아시아에서 당한 환난을 너희가 모르기를 원하지 아니하노니 힘에 겹도록 심한 고난을 당하여 살 소망까지 끊어지고"
고후 1:8

사도 바울은 자신의 힘으로 감당하기 어려운 고생을 해서 살 소망이 끊어졌다고 말한다. 하나님은 우리에게 감당치 못할 짐을 주시지 않는다고 말하지 않았는가? 그런데 사도 바울은 지금 자신의 능력 이상의 압박감을 느끼고 있다. 그럼에도 불구하고 바울은 하나님만 의지한다고 말한다.

사도 바울은 자신의 삶에 대해 절망을 느끼고 있다. 그렇다고 사도 바울이 영적으로 잘못된 것은 아니다. 사도 바울은 아주 정상적이고 자연스러운 인간의 감정을 보여 줄 뿐이다. 만일 강한 믿음을 가진 사람이 부정적인 감정과 고통을 묘사하고 있는 본보기를 보기 원한다면 욥기를 보라. 욥은 23장에서 자신의 감정이 얼마나 수렁에 빠져 있는지를 말하고 있다.

> "오늘도 내게 반항하는 마음과 근심이 있나니 내가 받는 재앙이 탄식보다 무거움이라 내가 어찌하면 하나님을 발견하고 그의 처소에 나아가랴 … 그런데 앞으로 가도 그가 아니 계시고 뒤로 가도 보이지 아니하며 그가 왼쪽에서 일하시나 내가 만날 수 없고 그가 오른쪽으로 돌이키시나 뵈올 수 없구나" 욥 23:2–9

이것이 그가 맞은 위기의 시험이었다. 우리도 이런 경험이 있지 않은가? 그러나 욥은 10절에서 이렇게 말한다.

> "그러나 내가 가는 길을 그가 아시나니 그가 나를 단련하신 후에는 내가 순금 같이 되어 나오리라" 욥 23:10

욥의 감정은 바닥에 있으나 그의 믿음은 정상에 있음을 보여 주고 있다. 우리가 정상적인 인간의 감정을 가졌다고 해도 원수가 속삭이는 거짓말에 속아 넘어가지 않도록 해야 한다. 이것은 믿음으로 가능하다.

나는 주님의 영광에 이르기까지 항상 기뻐해야 한다는 가르침에 어려움을 느낀다. 우리는 어쨌든 울어야 될 때가 있다. 누군가가 죽으면 장례식에 간다. 그곳에서 눈물을 감추고 서로가 미소를 지으며 유쾌한 기분으로 있다고 한다면 어떻겠는가? 내가 죽으면 천국에 간다는 것을 아내가 알고 있긴 하지만, 그래도 이 세상에서 이별하는 아쉬움 때문에 눈물을 흘리는 것은 정상이 아니겠는가? 아내가 먼저 떠난다면 나는 울 것이다.

나는 지금 정상적이고 인간적인 감정 표현은 잘못이 아니라는 점을 말하고 있다. 우리는 그러한 삶의 모범을 바로 예수님에게서 찾을 수 있다.

"그는 육체에 계실 때에 자기를 죽음에서 능히 구원하실 이에게 심한 통곡과 눈물로 간구와 소원을 올렸고 그의 경건하심으로 말미암아 들으심을 얻었느니라" 히 5:7

성경은 예수님이 그냥 우신 것이 아니라 심하게 통곡하였다고 말한다. 언제 그렇게 하셨는가? 겟세마네 동산에서 예수님이 십자가에 달리기 전에 우셨다. 이것이 잘못된 태도라고 말하는 사람도 있다. 그러나 예수님은 완전한 하나님이셨지만 동시에 완전한 인간이기도 하셨다. 그래서 인간이 느낄 수 있는 모든 감정을 가지신 분이다.

우리가 어떤 감정을 느낄 때 정죄감을 갖지 않기를 바란다. 일자리나 건강을 잃었거나 배우자가 다른 사람을 향해 떠났을 때, 아이가 병에 걸렸을 때 마음속에서 생겨나는 감정을 인정하라. 그러면서도 믿음을 잃지 않도록 굳건히 서 있어라. 그분 안에서 굳건하게 남아 있도록 하라. 그분을 신뢰하고 진리를 받아들이라. 감정을 갖는 것은 정상이지만 그 감정이 우리를 수렁으로 끌고 가지 않도록 하라. 우리의 감정이 믿음을 흔들도록 허락하지 말라. 우리의 감정 때문에 하나님께 맞춘 초점이 흐려지게 해서는 안 된다. 부정적인 감정을 가지는 것이 영적이지 않은 것은 아니다.

약해도 괜찮다, 주님만 붙들라

또 한 가지 중요한 진리는, 하나님은 강한 사람보다 약한 사람을 더 사용하신다는 것이다. 나는 오랫동안 하나님을 보다 잘 섬길 수 있도록 강하게 해 달라고 기도했었다. 그러나 하나님이 우리를 어느 쪽으로 데리고 가시는지 아는가? 자신의 힘을 믿지 않도록 우리를 더 약하게 만드신다. 우리가 주일학교 때부터 배우지 않았는가? '예수 사랑하심을 성경에서 배웠네 우리들은 약하나 예수 권세 많도다.' 우리들은 약하다. 하지만 약해도 괜찮다. 성경은 하나님이 약한 자를 쓰실 때 그분의 영광이 나타난다고 말한다.

> "형제들아 너희를 부르심을 보라 육체를 따라 지혜로운 자가 많지 아니하며 능한 자가 많지 아니하며 문벌 좋은 자가 많지 아니하도다 그러나 하나님께서 세상의 미련한 것들을 택하사 지혜 있는 자들을 부끄럽게 하려 하시고 세상의 약한 것들을 택하사 강한 것들을 부끄럽게 하려 하시며 하나님께서 세상의 천한 것들과 멸시 받는 것들과 없는 것들을 택하사 있는 것들을 폐하려 하시나니 이는 아무 육체도 하나님 앞에서 자랑하지 못하게 하려 하심이라" 고전 1:26-29

성경은 우리의 약함을 통해서 하나님의 강함이 나타난다고 말하고 있다. 스스로 약하다고 느끼는가? 그렇다면 오히려 좋은 조건을 갖고 있는 것이다. 하나님에 의해서 강하게 쓰임 받은 사람과 공통점을 가지고 있기 때문이다.

우리는 자신의 연약함을 부끄러워할 필요가 없다. 바울은 "내가 무언가 자랑할 게 있다면 나의 연약함을 자랑하겠다"고 했다. 우리는 하나님께 우리를 강하게 해 달라고 기도할 필요가 없다. 이미 충분하게 강하신 그분이 우리를 통해 사시면 된다. 그러면 우리가 직면하는 모든 일을 우리 안에 있는 하나님의 능력으로 잘 처리할 수 있게 된다.

만약 우리가 스스로 강하다고 생각한다면, 하나님은 육체의 가시를 허락하셔서 우리를 축복하실 수도 있다. 하나님은 우리를 연약하게 만드시므로 우리를 축복하신다. 바로 사도 바울에게 그렇게 하셨다. 바울은 자신에게 있는 육체의 가시 때문에 스스로를 의지할 수 없다는 것을 깨닫게 되었다.

"여러 계시를 받은 것이 지극히 크므로 너무 자만하지 않게 하시려고 내 육체에 가시 곧 사탄의 사자를 주셨으니 이는 나를 쳐서 너무 자만하지 않게 하려 하심이라 이것이 내게서 떠나가게 하기 위해서 내가

세 번 주께 간구하였더니" 고후 12:7-8

바울은 세 번이나 반복해서 육체의 가시를 제하여 달라고 기도했다.

"나에게 이르시기를 내 은혜가 네게 족하도다 이는 내 능력이 약한 데서 온전하여짐이라 하신지라 그러므로 도리어 크게 기뻐함으로 나의 여러 약한 것들에 대하여 자랑하리니 이는 그리스도의 능력이 내게 머물게 하려 함이라" 고후 12:9

하지만 성경은 바울이 자신의 약함을 자랑한다고 말한다. 그는 자신의 약함에서 그리스도의 능력이 나타나는 것을 알았다. 하나님이 우리를 쓰실 수 있도록 좀 더 강하게 해 달라고 기도한다면 그것은 잘못된 생각이다. 그것은 진리가 아니다. 우리가 자신의 약함을 인정하고 받아들이는 것이, 바로 하나님이 쓰실 수 있는 사람이 되는 것이다.

때때로 사람들은 이렇게 말한다. '나는 외향적인 성격이 아니어서 공적인 자리에서는 말을 잘 하지 못한다', '나는 인품을

갖추지 못했다. 어떻게 하면 사람들에게 존경받는 좋은 성품을 갖출 수 있는지 모르겠다.'

걱정할 것 없다. 우리에게는 예수님의 생명이 있기 때문에 이미 필요한 성품을 갖추고 있다. 하나님을 영화롭게 하는 삶을 사는 데 필요한 모든 것을 이미 내 안에 갖추고 있다는 것이다. 다만 우리가 할 것은 내 안의 그 성품을 발견하고 잘 드러내는 것이다.

지금까지 나는 몇 가지의 진리를 언급했는데, 이 진리들을 통해 성령님이 당신의 마음 가운데 역사하실 것이라 믿는다. 어쩌면 우리는 평생을 잘못된 믿음을 가지고 살아왔을지도 모른다. 진리는 '하나님이 우리를 있는 모습 그대로 받으신다'는 것이다. 우리에게는 더 이상 고칠 것이 없다. 하나님은 우리를 있는 모습 그대로 용납하신다. 우울해지는 것은 영적이지 않아서 생기는 현상이 아니다. 하나님은 강한 사람이 아닌 연약한 사람을 사용하신다. 성령님이 이것에 대해서 계시해 주신다면, 우리의 삶에 혁명이 일어날 것이다. 우리가 이것을 믿지 못한다면 사탄이 우리 삶 가운데 견고한 진을 치게 된다.

나는, 당신에게 계시의 성령님이 임하도록 기도한다.

"하나님 아버지, 성령님이 이 진리를 보고, 듣고, 아는 모든 사람의 마음에 불을 켜 주시고 용납받고 사랑받는 자로서 자신들의 연약함 속에서 그리스도가 더욱 강해진다는 것을 받아들이게 하여 주시옵소서. 모든 사람이 이 진리를 믿고 살아갈 수 있도록 도와주시기를 바라며 예수님의 이름으로 기도합니다. 아멘."

이제 예수님을 바라보라고 자신을 격려하기 바란다. 매일 아침 일어나서 "예수님! 저는 죄와 세상과 법에 대해 죽었습니다. 당신이 저의 생명이십니다. 오늘 하루도 저를 통해 사십시오. 저는 예수님을 사랑합니다."라고 기도하라.

"평강의 하나님이 친히 너희를 온전히 거룩하게 하시고

또 너희의 온 영과 혼과 몸이 우리 주 예수 그리스도께서 강림하실 때에

흠 없게 보전되기를 원하노라"_살전 5:23

9장 성령의 삶

예수님이 '우리 안에' 오신 이유

성경은 그리스도인의 삶은 기쁨으로 넘쳐나야 한다고 말한다. 요한복음 10장은 예수님이 우리에게 생명, 그것도 풍성한 생명을 주시기 위해 오셨다고 말한다. 이 말은 넘치는 생명, 즉 그분의 충만함을 우리에게 주신다는 의미다.

우리가 거듭났을 때 예수님은 우리 안으로 들어오셨다. 왜 우리 안으로 들어오셨을까? 우리의 죄를 사하기 위해서 그런 것이 아니다. 예수님은 우리 안에 거하지 않고도 우리 죄를 사해 주실 수 있다. 우리를 천국으로 데려가기 위해 우리 안에 오신 것도 아니다. 그런 일들은 굳이 우리 안에 오시지 않아도 하실 수 있는 일이다.

예수님이 우리 안에 오신 한 가지 이유는 '그분의 생명을 우리와 나누고 우리를 통해 사시기 위함'이다. 믿는 자가 더 높은 곳을 향해 나아감으로써 예수님의 풍성한 삶을 누리게 하고자 함이다. 이를 위하여 주님이 우리 안에 들어오신 것이다.

그럼에도 불구하고 우리는 스스로 자신의 삶을 다스리려고 노력한다. 우리는 주님이 우리를 향해 무엇을 예비하고 계시며 그것을 어떻게 경험할 것인가에 초점을 맞추기보다는 우리를 둘러싼 세상적인 것에 사로잡혀 그것에 맞추어 살아가려고 애쓴다. 그것은 일상 가운데에서 예수님의 생명을 경험할 수 있는 삶이 아니다.

기독교는 주일에만 무언가를 하는 종교가 아니다. 어떤 종교적인 일정을 밟거나 교리적인 원칙을 수행하는 것이 아니라, 예수님과 동행하고 그분 안에 거하면서 날마다, 매 순간 신나는 모험을 하는 것이다. 신약성경에 나오는 사람들의 삶을 보면 지금 우리의 삶과 큰 차이가 있다는 것을 알 수 있다. 주님은 우리가 사도 바울과 베드로, 요한이 누렸던 것과 같은 삶을 누리기 원하신다. 왜냐하면 그들에게 역사한 동일한 성령님이 우리 안에도 계시기 때문이다.

사람의 본질은 육체 안에 담긴 영혼이다

역설적으로 들릴 수도 있겠지만, 우리는 진정한 자유를 누리고 날마다 성령 안에서 사는 삶을 경험하기 전에 성경적인 진리를 이해하는 것이 필요하다. 예수님은 '진리가 너희를 자유롭게 하리라' 고 말씀하셨다.

이제 우리를 진정 자유롭게 하는 것이 무엇인지에 대해서 나누기를 원한다. 나는 이 진리가 계시될 때 많은 사람들의 삶이 자유롭게 되는 것을 수없이 보았다. 그 수없이 많은 사람 중에 나도 포함된다.

성경은, 성령 안에서 사는 삶이란 하나님이 놀라운 방법으로 그분의 엄청난 사랑을 표현하시는 것이라고 말한다. 하나님은 세상에 그 사랑을 보여 주기를 원하신다.

하나님은 공동체로 계신다. 하나님은 그 공동체가 확장되는 것을 원하셨다. 그래서 하나님은 사람을 창조하셨고 사람과 사랑을 나누기를 원했다.

당신은, 사람의 본질은 무엇이라고 생각하는가? 성경은 사람을 하나님의 형상대로 지었다고 말한다. 하나님은 하나님 아버지, 아들이신 예수님, 성령님 세 분으로 존재한다는 것을 우리는 잘 알고 있다. 사람을 생각할 때도 세 부분으로 생각할 수 있다. 사람은 영, 혼, 육 세 부분으로 나누어 존재한다.

사실 이 세상에 존재하는 모든 것이 삼위일체적이다. 우리가 살고 있는 세상은 시간과 공간으로 이루어져 있다. 시간은 과거, 현재, 미래로 이루어져 있다. 우리는 모두 현재에 살고 있다. 그러나 과거가 없다면 현재는 있을 수 없다. 또한 미래는 현재가 아니지만 여전히 시간의 일부이다. 이 셋은 각각 다르지만 시간이라는 면에서는 동일하다. 공간에는 깊이, 넓이, 높이가 있는데 이것 역시 각각 다르지만 하나의 공간을 형성한다.

마찬가지로 하나님도 하나님 아버지, 성자 예수님, 성령님의 삼위일체이다. 이분들은 각각 다르지만 같은 분이시다.

사람이 에덴동산에 거하였을 때 하나님은 사람을 몸과 혼과 영의 삼위일체적 존재로 만드셨다. 사람은 몸이 있어야 살 수 있다. 그러나 몸은 우리 자신을 나타내지는 않는다. 몸은 우리가 거하는 곳이다.

수년 전에 〈리더스 다이제스트〉에서 나이가 드는 것에 대한 글이 실린 적이 있다. 그때 88세 된 노인이 자신의 몸에 대해 이렇게 기록했다.

"당신은 나를 아주 늙은 여자로 볼 겁니다. 진짜 나는 이 늙은 몸에 갇혀서 꼼짝 못하고 있어요. 아프고 내 맘대로 움직이지도 못하고 뭔가 하려고 할 때마다 피곤해요. 그렇지만 진정한 나는 당신이 지금 보고 있는 이 사람이 아니예요. 나는 이 썩어가고 있는 몸에 갇혀 있을 뿐이랍니다."

우리가 몸을 입고는 있지만 우리 존재의 본질과 핵심은 우리 몸에 있지 않다. 우리가 자신의 필요를 육체를 통해 채우려고 한다면 좌절하게 될 것이다. 왜냐하면 우리의 본질은 몸에 있지 않기 때문이다. 성경을 보면 우리 안에 혼이 있다는 것을 발견한다. 우리의 몸은 감각을 느낀다. 우리는 보고, 듣고, 맛보고, 냄

새 맡고, 만지는 오감을 통해 외부 세계와 연결되어 있다. 혼soul을 다르게 표현하면 인격personality이라고 할 수 있는데 혼은 자아를 의식한다. 우리는 혼을 통해서 서로 성품이 다른 사람과 관계를 맺는다.

그러나 실제로 우리를 동물과 구별되게 하는 본질은 세 번째 부분이다. 이것을 우리는 영이라고 부른다. 우리가 인격 혹은 성품이라고 부르는 혼의 영역에는 지, 정, 의가 있다. 생각하고 느끼고 선택하는 능력이다.

이 혼의 영역을 기초로 한 가지 질문을 해 보겠다. 개나 고양이에게는 혼이 있을까? 영이 사람과 동물을 구분 짓는 기준이라면, 혼은 사회와 자신을 의식하는 부분이다. 영은 영의 일을 의식한다. 우리는 영 안에서 주님과 관계를 맺는다. 그래서 영에 우리의 본질이 있는 반면, 혼은 우리가 느끼고 생각하고 선택하는 영역이다.

그 정의에 입각해서 볼 때 개나 고양이에게도 분명히 혼이 있다. 그러나 오해하지 말기 바란다. 우리가 천국에 갔을 때 개나 고양이가 거기 있을 거라는 말은 아니다.

우리를 향한 주님의 뜻은 우리가 혼의 영역, 즉 성품으로만 사는 것이 아니고 영으로 사는 것이다. 인간은 사랑받고 용납받고 가치를 부여받는 세 가지의 기본적인 필요를 갖고 태어난다. 주님은 우리의 영을 통해서 이러한 필요를 채우기를 원하신다. 우리가 영 안에서 살 때 주님은 우리의 필요를 채워 주신다. 우리가 이 사실을 알지 못하면 혼의 영역에서만 살고, 혼의 영역에서만 그런 필요를 채우며 살게 된다. 여기서 말하고자 하는 것은 사람의 본질은 영이라는 사실이다.

> "평강의 하나님이 친히 너희를 완전히 거룩하게 하시고 또 너희의 온 영과 혼과 몸이 우리 주 예수 그리스도께서 강림하실 때에 흠 없게 보전되기를 원하노라" 살전 5:23

우리는 혼을 가지고 육의 몸 안에서 살고 있는 영이다. 우리가 이 세상에 올 때 우리의 영은 죽어 있었다. 성경은 우리의 죄 때문에 우리가 영적으로 죽은 상태로 태어났다고 말한다. 이사야 59장 2절은 우리의 죄악이 우리와 하나님 사이를 갈라놓았다고 말한다.

우리는 사랑받고 용납받고 소중히 여김을 받을 필요가 있다. 그러나 우리는 죄 때문에 이것을 채워 줄 하나님이 없이 태어났다. 우리는 하나님에게는 죽어 있고 죄에는 살아 있는 채로 태어난 것이다.

'믿지 않는 사람은 죽어 있다'라는 의미가 무슨 말인지 이해하는 것이 중요하다. 우리의 본질이 영이라는 것을 기억하는가? 우리는 태어날 때 영적으로 죽은 상태로 이 세상에 나왔다. 우리는 때때로 구원받지 못한 사람들을 '죄로 병들어 있다'라고 하는데, 그것은 틀린 말이다. 그들은 병들어 있는 것이 아니라 '영적으로 죽어 있는 것'이다.

"그는 허물과 죄로 죽었던 너희를 살리셨도다" 엡 2:1

하나님이 우리 안에 없기 때문에 우리는 영적으로 죽은 채로 이 세상에 태어났다. 즉, 하나님께는 죽고 죄에 대해서는 살아 있는 상태를 말한다. 그래서 이러한 필요들을 우리 자신의 힘으로 채우려고 한다. 우리 주변의 사람들을 보면 좋은 성품이나 신체적인 특성으로 그들의 필요를 스스로 채우려고 애쓰고 노력하는 것이 그것이다.

로잔Rosane(몸집이 크고 말이 거친 미국의 여자 코미디언-역자 주)과 줄리아 로버츠를 비교해 보면 어느 쪽이 사람들로부터 더 많은 사랑과 인정을 받겠는가? 코미디언 댄 댈로이즈와 멜 깁슨은 또 어떠한가? 오늘날 우리 사회에서 댄 댈로이즈 같은 비대한 사람이 환영받지 못한다는 것을 우리는 잘 알고 있다.

우리가 주님 안에 있지 않으면 우리 모두는 자신의 성품이나 신체적인 특성을 내세워 다른 사람에게 인정받거나 그들의 사랑과 용납을 받으려고 할 것이다. 이것을 위해 우리가 쓰는 기술을 성경에서는 '육'이라고 한다.

우리는 육체와 혼으로 이 세상에 살도록 부름받은 것이 아니다. 그것은 하나님의 뜻이 아니다. 하나님의 뜻은 우리가 그분의 영을 통해서 그분을 경험하는 것이다. 아무리 성공적인 삶을 사는 사람일지라도 예수님이 그 안에 없다면 세상을 떠나는 순간에는 공허함만 남을 뿐이다.

인간이 태어날 때 갖는 근본적인 문제는 하나님으로부터 단절되었기 때문에 우리 안에는 생명이 없다는 것이다. 우리에게는 용서를 넘어서 생명이 필요하다. 그것은 주님으로부터 공급받는 것이다.

우리는 종종 구원이란 우리의 죄를 용서받는 것이라고 생각하는 경향이 있는데 구원은 그 이상의 것이다. 구원은 용서 차원을 넘어서 생명을 주는 것이다. 우리가 주님을 신뢰할 때 비로소 예수님으로부터 생명이 공급된다.

성령 안에서 사는 것을 배우기

어떤 여자가 자신을 찍은 사진을 들여다보며 '이 사진은 공평치 않아!' 라고 말했다면, 이 여인은 공의보다 자비가 필요한 사람이다. 그것은 우리에게도 마찬가지다. 우리는 하나님의 자비가 필요하다. 때문에 하나님은 우리를 용서해 주셨고 자비 이상의 것을 허락하셨다. 이것이 바로 은혜다. '자비'가 받을 수 없는 것을 받는 것이라면, '은혜'는 받을 자격이 없는데 받는 것이다.

수년 전에 차를 몰고 애틀랜타를 간 적이 있는데 갑자기 경찰이 내 차를 세우며 속도위반 사실을 알렸다. 경찰이 벌금을 부과하려고 할 때 나는 그를 쳐다보며 자비를 베풀어 달라고 했다.

그는 잠시 서서 나를 쳐다보더니, 이제 속도위반을 하지 않겠냐고 물어보았다. 다시는 그러지 않겠다고 대답했더니 그는 나를 그냥 가게 했다. 이것이 자비다.

이 상황에서 은혜란 그 경찰이 나를 놓아줄 뿐 아니라 다음에 혹시 또 이런 경우가 생기면 벌금을 내라며 100달러 지폐까지 쥐어 주는 경우다.

은혜는 내가 받을 자격이 없는데 받는 것이다. 하나님은 우리의 죄를 사하여 주심으로 우리에게 자비를 베푸셨다. 또한 그분의 생명을 우리에게 덤으로 주시는 은혜를 베푸셨다.

하나님은 우리의 영적인 죽음이라는 문제를 다루어 주셨다. 하나님으로부터 우리를 분리시켰던 죄의 문제를 예수님의 십자가를 통해 다루심으로써 우리에게 그분의 생명을 주셨다. 그래서 예수 그리스도의 생명이 우리의 영 안에 들어와 우리가 새롭게 된 것이다.

우리 존재의 본질이 영에 있다는 것을 기억하라. 우리가 예수님을 알기 전에는 죄가 우리의 영을 채우고 있었다. 그래서 우리의 정체성은 죄인이었다. 그러나 이제 믿는 자로서 우리의 영을 그리스도가 채우고 있다. 이 세상에서 우리의 정체성은 '그리스도인'인 것이다.

예수님이 우리에게 생명을 주셨다. 그래서 그분이 우리의 모든 필요도 채워 주실 것이다. 우리는 치열한 노력 끝에 얻은 우리의 성품으로 우리의 필요를 채우며 살지 않아도 된다. 하나님은 사랑받고 용납받는 것 외에도 다른 필요들을 채워 주신다. 그분은 예수님을 통해서 그러한 필요들을 채워 주실 것이다. 우리가 영 안에서 사는 것을 배워갈 때 우리가 필요한 것들을 경험하게 된다. 즉 우리가 예수님 안에 거하게 되면, 그분의 생명이 우리를 통해 흘러서 우리의 인생을 승리로 이끄실 것이다.

"곧 우리가 원수 되었을 때에 그의 아들의 죽으심으로 말미암아 하나님과 화목하게 되었은즉 화목하게 된 자로서는 더욱 그의 살아나심으로 말미암아 구원을 받을 것이니라" 롬 5:10

주님은 우리에게 육신, 세상, 그리고 사탄에 대해 승리를 경험할 수 있는 기회를 주셨는데 그것은 바로 예수님 안에 있는 생명을 통해서만 가능하다. 우리는 그분의 죽음을 통해 죄로부터 구원을 받았고 우리 안에 있는 그분의 생명을 통해 자아로부터 구원받았다. 하나님은 우리에게 그분의 생명을 주셨다. 그런데 왜 그렇게 많은 그리스도인들이 이 넘치는 그리스도의 사랑을 일상에서 경험하지 못할까? 그것은 육체 때문이다.

육체에는 두 가지 종류가 있다. 한 가지는 부정적인 육체다. 이것은 우리가 의미 있는 사람에게 거절당할 때 형성된다. 때로는 우리 부모님에게도 거절감을 경험한다. 물론 부모님이 거절감을 주려고 의도했던 것은 아니었겠지만, 내가 거절을 받음으로써 결과적으로 그것이 부정적인 감정을 경험하게 한다. 부정적인 감정은 걱정하고, 무가치하고, 무능력하고, 실패하고 용납받지 못한다는 등의 감정이다.

이런 부정적인 감정의 경험을 통해 우리의 사고는 왜곡된 생각을 키운다. 이와 같은 것들은 혼의 영역에서 일어나는 일인데, 우리의 혼은 하나님을 왜곡하여 생각한다. 부정적인 육체를 갖고 있는 사람은 왜곡된 자아를 형성한다. '나는 잘하는 게 없고 하나님은 항상 나를 판단하고 벌을 줄 것만 같다'는 느낌이다. 이처럼 부정적인 자아를 가진 사람은 '나 자신에 대해 좀 좋은 느낌을 갖고 싶다'고 말한다.

다른 한 가지는 긍정적인 육체다. 긍정적인 육체를 가진 그리스도인은 그의 삶 가운데 많은 성공과 성취감을 경험하여 여전히 잘못된 믿음을 가지고 있다. 먼저 그의 감정에 대해서 얘기해 보면 강하고, 성공했고, 유능한 그는 자기가 하고 있는 일 때문에 하나님이 자기를 기뻐한다고 믿는다. 그는 유능한 사람이라고 할 수 있다. 하지만 그는 다른 사람을 자기의 필요를 채우기 위한 자원이나 도구로 본다. 이 사람도 여전히 육체로 사는 것이다. 그의 육체는 교만, 판단, 자기 의라는 형태로 나타난다.

그런데 이 두 가지의 종말이 무엇인지 아는가? 육체를 의지하고 살 때 그것이 부정적인 것이든 긍정적인 것이든 간에 그 결과는 항상 좌절과 갈등뿐이다.

하나님은 긍정적으로 또는 부정적으로 프로그램 된 이 모든 사람들을 사랑하셔서 육체가 깨지도록 이끄신다. 그래서 우리가 예수님과 우리의 육체를 바꿀 수 있도록 하신다. 이런 이유로 그분은 우리의 삶에 고통과 역경을 허락하시는 것이다. 이렇게 우리 자신이 바닥에 이르게 되면 우리의 중심에 그리스도가 자리잡게 되기 때문이다.

은혜 속에 사는 이 사람도 여전히 육체를 갖고 있다. 그러나 그는 육체로 기능하지도 않고 육체로 살지도 않는다. 대신 예수님이 믿는 자의 삶을 통해 나타난다. 이제 그리스도가 우리를 통해 사시기 때문에 우리는 승리의 삶을 살게 된다.

우리가 삶을 살며 활동을 할 수 있는 힘의 근원은 육체가 아니고 예수님 바로 그분으로부터 나온다. 예수님이 나를 통해 사실 때가 바로 성령 충만한 삶을 사는 때다. 성령님이 그리스도의 영인 것을 기억하라. 성령 충만한 삶은 자신의 힘을 내려놓고 온전히 성령님을 의지할 때 시작된다. 그리스도의 영이 이렇게 우리의 존재 가운데 들어오시는 것이다.

마이클 조던의 영이 내 안에 들어왔다고 상상해 보라. 그렇다면 나는 우리 나라에서 누구보다도 농구를 더 잘 할 것이다. 루치아노 파바로티의 영이 내 안에 들어오면 어떻게 될까? 아마 모든 사람의 눈에 눈물이 고이도록 노래를 부를 것이다. 조지 패튼George Patton(2차 대전에 참전한 미국의 장군-역자 주)의 영이 내 안에 들어온다면 보스니아에 가서 군사 문제를 모두 해결할 수 있을 것이다. 내 안에 들어온 조지 패튼은 전략을 세우는 데 탁월한 능력이 있기 때문에 나는 군사 문제를 해결하는 데 많은 도움을 받을 수 있을 것이고, 세상의 골치 아픈 일들을 잘 해결할 수 있을 것이다.

우리에게는 예수님의 영이 들어왔다. 하나님의 성령이, 예수 그리스도의 영이 우리 안에 들어왔다. 이것으로 우리는 무엇이 가능할까?

바울은 '내게 능력 주시는 자 안에서 내가 모든 것을 할 수 있느니라'고 고백한다. 더 이상 우리는 예수님을 위해 살려고 우리 자신을 새롭게 드리는 재헌신이 필요 없다. 오늘날 교회에서 우리가 할 일은 주님께 온전히 항복하는 것이다. '주님! 내 힘으로 그리스도인의 삶을 사는 것을 포기합니다. 나는 이제 절대적으로 주님을 의지하겠습니다. 내 안에서 나의 주님이 되어 주십시오.'

이것이 바로 은혜의 삶이다. 그분이 우리를 통해 생명을 나타내실 때, 사람들은 우리 안에 계시는 예수님을 보게 된다. 바울은 신약성경에서 '이제부터는 어떤 사람도 육신을 따라 알지 아니하노라'고 했다. 그것은 이제부터 우리의 자연적인 능력이나 눈에 보이는 외모로 사람을 판단하지 않고 육체 이면에 있는 영을 보겠다는 의미다. 우리는 드러난 육체가 아닌 내면을 보아야 한다.

영이 우리를 구성하기 때문에 우리는 영을 바라본다. 예수님 안에서의 정체성에 기초를 두고 우리는 서로를 본다. 우리가 이 진리를 취하게 되면 그리스도의 몸과 연합한다. 그래서 이 세상에서 좀 더 효과적인 증인이 되는 것이다. 우리가 영적인 존재라는 사실을 이해하게 될 때 다른 형제자매에게 쉽게 다가가 함께 연합할 수 있다. 그들의 생각이나 느낌이 우리와 다름에도 불구하고 우리가 먼저 다가갈 수 있게 된다. 우리는 영으로 서로 예수님의 사랑을 표현할 수 있게 되는 것이다. 우리는 그리스도 예수 안에서 모두 하나이기 때문에 그것이 가능하다.

"곧 창세 전에 그리스도 안에서 우리를 택하사

우리로 사랑 안에서 그 앞에 거룩하고 흠이 없게 하시려고"_엡 1:4

10장 진리의 삶

우리에게 허락된 부요함

현대 교회가 가지고 있는 문제 중 하나는 우리가 주님 안에서 소유하고 있는 부요함에 대해서 제대로 이해하지 못한다는 것이다. 신약성경의 많은 부분이 그리스도인의 풍성한 삶에 대해 말하고 있지만 정작 많은 그리스도인들은 이것을 제대로 이해하지 못한다.

한 남자가 있었다. 그는 수년 전에 농장을 샀는데 대출금을 상환하지 못해 우울증에 빠졌다. 담보 물권을 가진 회사 직원이

60일의 기한을 줄 테니 그 안에 상환하지 않으면 농장을 압류하겠다고 전했다. 그는 현금이 없었기 때문에 염려와 걱정으로 어찌할 바를 몰랐다.

시간이 지나서 그 농장을 압류 당하기 일주일 전, 어떤 석유 회사 직원이 농장에 찾아왔다. 그리고 이 농장에서 혹시 기름이 나오나 땅을 파보고 싶다고 했다. 농장 주인은 어차피 남의 손에 넘어갈 상황이라 손해 볼 것이 없다는 생각으로 동의했다. 그런데 땅을 파던 첫 날, 기름이 마구 쏟아져 나왔다. 그는 하룻밤 사이에 백만장자가 된 것이다.

그는 언제부터 백만장자가 되었는가? 기름을 발견했을 때 백만장자가 되었다고 말하는 사람이 있는데 그것은 정확한 표현이 아니다. 사실은 그 농장을 사는 순간부터 그는 백만장자가 된 것이다. 그가 농장을 인수한 날 기름도 소유한 것이다. 그의 문제는 단지 그가 무엇을 가졌는지를 몰랐다는 데 있다.

많은 그리스도인들의 삶 가운데도 동일한 일이 일어나고 있다. 많은 사람이 예수님 안에 있는 부요함에 대해서 잘 모르기 때문에 불행하게도 스스로 빈곤 속에서 살고 있다. 하나님은 그분의 소유인 모든 부요함을 우리가 누리기를 원하신다. 그런데 대부분의 그리스도인들이 그 부요함을 누리는 데 커다란 장애를 가지고 있다. 그 장애물이 바로 육체다. 육체는 자족하는 마음이며, 우리 스스로 삶을 관리하는 방식이다.

구원받지 못한 사람들은 육체를 따라 살 수밖에 없다. 그런데 그리스도인들조차도 종종 육체에 따라 사는 삶을 선택한다. 어리석게도 우리는 잘 알지 못해서, 혹은 나의 주관을 의지한 채 주님과는 별개로 살아간다. 그래서 하나님은 우리의 능력으로 해결할 수 없는 사건을 만드셔서, 육체의 기대대로 사는 것이 불가능하다는 것을 보여 주신다. 그래서 인생이 엉망이 되는 것 같은 순간이 온다. 그때가 인생의 바닥을 치는 순간인데 놀랍게도 이때가 인간이 처할 수 있는 최상의 자리다. 우리가 그렇게 고통받을 때가 하나님이 우리를 새롭고 신선한 방법으로 만나 주시는 때다.

그동안 우리는 사람의 본질을 살펴보았고 영, 혼, 육의 삼위일체가 어떻게 우리를 이루는가를 보았다. 기억해야 할 것은 우리는 단순한 육체로만 존재하는 것이 아니라는 사실이다. 우리는 혼을 가지고 몸 속에 살고 있는 영이다. 하나님은 우리가 영을 느끼며 살기를 원하시지만, 우리는 영적으로 죽은 상태로 태어났기 때문에 스스로는 불가능하다. 우리가 믿는 자가 되면 그리스도의 영이 우리 안에 오시고 우리의 본성이 바뀐다. 그분이 내 안에 오시기 때문에 나는 그분의 본성을 지니게 된다.

그 순간부터 하나님은 우리가 그분 안에 거하기를 원하시며, 우리의 필요를 채워 주기를 원하신다. 실제로 우리는 가끔 어리석은 선택을 한다. 즉 우리 스스로의 방법으로 우리의 필요를 채우려고 발버둥치는 것이다. 우리가 육체의 한계에 도달했을 때 비로소 예수님이 우리를 통해 사시는 은혜의 삶을 경험하게 된다.

그분 안에서 우리는 누구인가?

내가 어떤 소그룹에서 영원eternal을 어떻게 정의할 수 있는지에 대해 질문을 한 적이 있다. 그러자 누군가 "결코 끝나지 않을 것 같은 주일 예배 목사님의 설교"라고 대답했다. 또 누군가는 "끝이 없는 삶"이라고도 했다. 하지만 내가 원하는 답은 그것이 아니다. everlasting(영원)과 eternal(영원)은 차이가 있다. 전자가 현재에서 무한한 미래로 계속되는 영원이라면 후자는 과거부터 미래에 걸친 영원을 나타낸다. 즉, 시작은 있지만 끝이 없는 영원everlasting과 시작도 끝도 없는 영원eternal의 차이다.

이 세상의 존재 중에 유일한 영원eternal은 오직 주님뿐이다. 영원한 삶에 대한 유일한 답은 그리스도의 삶이다. 그분은 시작도 끝도 없으신 분이다. 영원한 과거에 존재하셨고, 또한 영원한 미래에 존재하시는 분이다.

"그는 보이지 아니하는 하나님의 형상이시요 모든 피조물보다 먼저 나신 이시니 만물이 그에게서 창조되되 하늘과 땅에서 보이는 것들과 보이지 않는 것들과 혹은 왕권들이나 주권들이나 통치자들이나 권세들이나 만물이 다 그로 말미암고 그를 위하여 창조되었고 또한 그가 만물보다 먼저 계시고 만물이 그 안에 함께 섰느니라" 골 1:15-17

예수님이 만물을 창조하셨다. 그는 태초부터 하나님과 함께 계셨다.

빌립보서 2장 6절에서 8절을 보면 그분이 사람의 모양으로 나타나셨다고 했으며, 요한복음 1장 14절은 말씀이 육신이 되어 우리 가운데 거하신다고 했다. 예수님이 바로 이 세상에 계심을 알 수 있다.

그분은 이 세상에서 33년을 살고 십자가에서 돌아가셨지만 다시 사셨다. 그래서 고린도전서 15장은 "예수님이 우리 죄를 대신하여 죽으셨고 장사된 지 사흘만에 부활하셨다"고 말한다. 또 에베소서 1장 20절은 "그 능력이 그리스도 안에서 역사하사 죽은 자들 가운데서 다시 살리시고 하늘에서 하나님의 오른편에 앉으셨다"고 말한다.

> "이러므로 하나님이 그를 지극히 높여 모든 이름 위에 뛰어난 이름을 주사" 빌 2:9

그는 하나님 우편에 앉으셔서 우리를 위해 중보하시고 영원을 다스리신다. 유일한 영생은 바로 예수의 생명인 것이다. 그는 영원하고 그의 삶 또한 영원하다. 우리가 거듭날 때 영원이 시작된 것이 아니다. 영원은 시작이 없다는 것을 기억하라. 우리가 그리스도 안으로 들어갈 때 영원, 즉 그의 생명 속으로 들어가는 것이다.

"또 증거는 이것이니 하나님이 우리에게 영생을 주신 것과 이 생명이 그의 아들 안에 있는 그것이니라" 요일 5:11

우리가 예수님을 소유하고 있으면 영생도 소유한 것이다. 오늘 우리에게 예수님이 없다면 우리는 영적으로 죽은 것이요 영생도 없는 것이다. 교회를 다니지만 영적으로는 죽어 있을 수 있다. 도덕적으로 선한 사람이라고 해도 영적으로 죽은 사람일 수 있다. 우리는 하나님을 지성으로 믿는다. 야고보서에 보면 '귀신들도 믿고 떠느니라' 라고 하였다. 우리의 지성으로 하나님을 믿는 것은 충분하지 않다. 우리가 죄로부터 돌아서서 회개하고 예수님에 대한 믿음을 표현하고 그분의 생명을 받는 과정이 반드시 필요하다.

구원은 두 단계로 일어나는데, 우선 내 죄가 용서받았다는 것을 믿고, 그 다음 예수님의 생명을 우리 안에 받아들이는 것이다. 우리가 믿으면 영생이 있다. 당신이 믿는 사람이 아니라면, 바로 이 자리에서 예수님을 알기 원한다고 당신의 마음을 표현하라. 죄를 고백하고 그 죄로부터 돌아서서 당신에게 예수님의 생명을 주시도록 요청하라. 그래서 그분의 삶이 당신 것이 되도록 하라. 이것이 바로 우리가 할 일이다. 믿는 우리에게 예수님의 생명은 바로 우리의 생명이다.

우리가 물려받은 두 가지 유산

우리가 가진 육체의 모든 유산은 에덴동산의 아담 시대까지 거슬러 올라간다. 우리는 육체적인 유산뿐 아니라 영적인 유산도 물려받았다.

생물학적으로 잠시 생각해 보자. 당신이 태어나기 전에 당신은 아버지 속에 있었다. 어떤 유전자를 가지고 태어났든지 그것은 당신의 아버지 속에 있었던 것이다. 예를 들어 만약 당신의 아버지가 열여섯 살 때 사고로 돌아가셨다면 어떻게 되었을까? 오늘날 당신은 존재할 수 없었을 것이다. 아버지가 죽었을 때 나도 죽었기 때문이다. 한 세대를 더 올라가서 할아버지, 증조할아버지에게 그런 일이 있었다면 마찬가지로 당신은 이 세상에 태어나지 못했을 것이다. 생물학적으로나 유전학적으로 당신은 그분들 안에 있었다. 그분들에게 일어난 일이 나에게도 일어났다고 말할 수 있는 것이다.

이것을 영적인 차원에서 생각해 보자. 생물학적으로 우리가 아담에게까지 소급되는 것처럼 우리의 영적인 유산도 그에게까지 거슬러 올라간다. 에덴동산에서부터 우리는 영적으로 아담과 하와 속에 있었다. 우리가 의식을 가지고 그랬다거나 아니면 전생이 그러했다는 의미는 아니다. 영적으로 우리는 그들 속에 있었다는 것이다. 그래서 아담에게 일어난 일은 우리에게도 일어났다고 할 수 있다. 성경을 읽어 보면 에덴동산에서 아담과 하와에게 어떤 일이 있었는지 알 수 있다.

아담은 죄를 지었고 죄를 지음으로 영적인 죽음을 맞이했다. 아담은 정죄함을 받았고 하나님으로부터 분리되었다. 그리고 그에게 일어난 일은 우리에게도 일어났다. 이것이 바로 사도 바울이 신약에서 "모든 사람이 죄를 지었으므로 사망이 모든 사람에게 이르렀느니라"롬 5:12라고 한 말이다.

우리가 언제 모두 죄를 지었는가? 아담이 범죄했을 때 우리는 그 안에 있었다. 그러므로 우리는 모두 죄인이다. 죄인이 되기 위해 특별히 다른 무언가를 한 것이 아니다. 우리는 처음부터 죄인으로 태어났다. 아담이 선악과를 먹음으로 죄를 지었을 때부터 우리는 죄인이었다.

"그러므로 한 사람으로 말미암아 죄가 세상에 들어오고 죄로 말미암아 사망이 들어왔나니…" 롬 5:12. 한 사람이 누구인가? 아담이다. 하나님은 아담에게 '선악을 알게 하는 나무의 열매는 먹지 말라 네가 먹는 날에는 반드시 죽으리라'고 하셨다. 그가 그 실과를 먹었을 때 그는 정말 죽었다. 몸이 죽었는가? 그의 혼이 가지고 있는 성품이 죽었는가? 그렇지 않다. 죽은 것은 바로 그의 영이었다.

에덴동산에서 일어났던 일이 우리에게도 일어났다. 이것에 대해 히브리서가 명확하게 설명하고 있다.

"이 멜기세덱은 살렘 왕이요 지극히 높으신 하나님의 제사장이라 여러 왕을 쳐서 죽이고 돌아오는 아브라함을 만나 복을 빈 자라 아브라함이 모든 것의 십분의 일을 그에게 나누어 주니라 그 이름을 해석하면 먼저는 의의 왕이요 그 다음은 살렘 왕이니 곧 평강의 왕이요" 히 7:1-2

아브라함은 멜기세덱을 만났을 때 자신이 가진 것의 십분의 일을 그에게 준다. 아브라함이 십일조를 드린 것이다. 그런데 이

때는 레위가 아직 태어나기 전이다.

"또한 십분의 일을 받는 레위도 아브라함으로 말미암아 십분의 일을 바쳤다고 할 수 있나니" 히 7:9

아직 태어나지도 않은 레위가 어떻게 멜기세덱에게 십일조를 할 수 있는가?

"증언하기를 네가 영원히 멜기세덱의 반차를 따르는 제사장이라 하였도다" 히 7:17

레위는 아브라함 속에서 멜기세덱에게 십일조를 한 것이다. 이와 마찬가지로 아담에게 일어난 일은 우리에게도 일어난 것이다. 아담이 죄를 지었으면 우리도 죄를 지은 것이요, 아담이 영적으로 죽었으면 우리도 영적으로 죽은 것이다.

우리에게는 우리 자신의 자원(육체)이 남겨졌다. 아담이 정죄받을 때 우리도 정죄받았고 아담이 죄인 되었을 때 우리도 죄인이 되었다. 바울은 로마서 5장 19절에서 '한 사람이 순종하지 아니함으로 많은 사람이 죄인이 되었다'고 말한다.

새로운 과거와 새로운 미래

당신이 나에게 미국 사람이 되기 위해서 노력을 좀 해 보라고 말한다고 가정해 보자. 하지만 나는 미국에서 태어났기 때문에 특별히 미국 사람이 되려고 노력할 필요가 없다. 나는 이미 미국 사람이다. 마찬가지로 우리는 아담 속에서 죄인으로 태어났다. 그런데 하나님이 우리의 죄에 대해 어떤 구제 방안을 마련하셨는지 보라. 우리의 옛사람과 그리스도를 어떻게 연합시켰는지 보라.

우리가 예수님을 믿을 때 아담으로부터 뽑혀져 나와 십자가 위의 예수님에게로 옮겨진다. 그래서 우리 안에 있던 옛사람 아담은 그리스도와 함께 십자가에 못 박힌다.

"내가 그리스도와 함께 십자가에 못 박혔나니 그런즉 이제는 내가 사는 것이 아니요 오직 내 안에 그리스도께서 사시는 것이라 이제 내가 육체 가운데 사는 것은 나를 사랑하사 나를 위하여 자기 자신을 버리신 하나님의 아들을 믿는 믿음 안에서 사는 것이라" 갈 2:20

"우리가 알거니와 우리의 옛 사람이 예수와 함께 십자가에 못 박힌 것은 죄의 몸이 죽어 다시는 우리가 죄에게 종 노릇 하지 아니하려 함이니" 롬 6:6

바울은 아담 속에 있던 우리의 옛사람이 죽었다고 말한다. 그리고 예수님 안에서 새롭게 거듭났다고 한다. 이와 같이 이제 우리는 아담 속에 있던 그 사람이 아니고 새로운, 완전히 새로운 사람이 되었다. 로마서 6장을 읽어 보라. 하나님이 우리의 죄 된 본성을 가진 옛사람을 어떻게 십자가에 예수님과 함께 못 박으셨는지 알 수 있을 것이다. 반복하지만 이 세상에서 죄를 짓지 않고 살아야 한다는 말이 아니다. 죄의 힘은 여전히 우리 몸 속에 있다. 로마서 7장은 죄의 힘에 대해 가르쳐 준다. 우리는 가끔씩 어리석은 선택을 하기 때문에 죄를 짓게 된다. 그러나 이제는 우리의 죄 된 본성 때문에 죄를 짓는 것이 아니다. 우리의 본성은 이제 예수님의 본성으로 바뀌었다.

우리는 그리스도 안에서 살게 되었다. 새로운 사람이 된 것이다. 이제 새로운 과거를 가진 것이다. 성경은 우리의 새 사람을 이렇게 묘사하고 있다.

"곧 창세 전에 그리스도 안에서 우리를 택하사 우리로 사랑 안에서 그 앞에 거룩하고 흠이 없게 하시려고" 엡 1:4

우리에게는 새로운 미래가 있다. 우리가 천국에 가는 것은 우리가 하나님을 위해 어떤 일을 해서가 아니라 우리가 그리스도 안에 있기 때문이다. 그곳은 하나님의 자녀가 영원히 거하는 곳이다.

한편 에베소서는 우리가 하늘에서 보좌 우편에 앉아 있다고 말한다. 바로 지금 여러분과 내가 하나님 보좌 우편에 앉아 있다는 것이다. 왜 그런지 설명을 요구하지 말라. 이것은 진실일 뿐이다. 하나님이 말씀하신 것을 믿을 것인가? 혹자는 이것을 이해는 할 수는 없지만, 의심할 수 없는 하나님의 진리라고 말한다.

어느 날 해리 아이언사이드가 우리는 하나님 보좌 우편에 앉아 있다는 내용의 설교를 했는데 예배가 끝나고 나자 조그만 아이가 앞으로 나와 악수를 하며 설교가 좋았다고 말했다. 메시지의 깊이를 고려한 해리는 적잖이 놀라면서 설교 내용을 이해했냐고 물어보았다. 그 아이는 자기가 이해를 잘 했는지는 모르지만 한 가지는 안다고 했다. 그리고 이렇게 대답했다. "우리는 그 의자에 예쁘게 앉아 있죠?"

그렇다. 우리는 하늘에서 그분과 함께 앉아 만물이 그 발아래 복종함과 같이 만물이 우리 발 아래 복종하는 것을 보게 될 것이다. 우리는 그리스도 예수를 통해서 만물을 통치하고 다스린다. 성경은 우리가 죄에 대하여 죽었다고 말한다. 죄에 대하여 살아 있던 그 옛사람은 죽었다. 우리는 이제 단번에 그리고 영원히 죄에 대해서 죽은 것이다. 매일 아침 일어날 때마다 우리는 죄에 대하여 죽은 것을 믿어야 한다.

우리는 죄에 대하여 죽었고 하나님에 대해서는 살아 있다. 하나님은 바로 우리의 생명이다. 그분은 우리를 새로운 사람으로 만드셨다. 그분은 우리에게 새로운 영을 주셨다. 그분은 우리를 바꾸신 것이 아니라 우리를 완전히 새롭게 재창조하셨다.

예를 들어 썩은 달걀 하나가 있다고 하자. 그런데 어쨌든 노른자를 추출해 낼 수 있다고 가정해 보자. 노른자가 영을 상징하고 흰자는 혼을 상징하고 계란 껍데기는 육체를 상징한다. 그 계란의 생명을 상징하는 썩은 노른자를 분리해서 제거할 수 있다고 상상해 보라. 그리고 그 알이 성장하여 부화될 수 있도록 그 자리에 새로운 건강한 노른자를 집어넣는다. 그렇다면 여기서 질문 하나를 하겠다. 그 계란은 그 전과 똑같은 계란일까? 그렇지 않다. 생명의 핵심인 노른자를 바꾸었기 때문에 같은 계란이라고 말할 수 없다. 바꾼 것이 아니라 사실은 교환한 것이다.

이것이 바로 하나님이 우리에게 하신 일이다. 그분은 우리 안에 있는 오래되고 죽은 본성을 끄집어내고 대신 새롭고 생명력 넘치는 그분의 성품을 주셨다.

당신은 구원받기 전의 그 사람이 아니다. 당신은 완전히 새로운 사람이 되었다. 당신이 그 진리를 적용하며 살 때, 즉 우리가 느끼는 대로 사는 것이 아니라 하나님의 말씀대로 살아갈 때 우리의 삶은 영원히 변화될 것이다.

내가 예수님 안에서의 정체성에 대한 진리를 이해하고 나서부터는 내 삶에 진정한 변화가 생겼다. 나는 내가 자아를 위해서 사는 사람이었다는 것을 회개한 그날을 기억한다. 당신이 처음으로 예수님 안에서 참된 당신의 정체성을 깨닫고, 우리가 의인이며 그분께 사랑받고 용납받은 사람이라는 것과 그분이 당신의 생명이라는 것을 깨달았다면, 나 중심의 삶을 회개하는 기도에 동참하기 원한다.

"주님! 지금까지 제 자신만을 위해 살아왔음을 인정합니다. 제 능력만으로 지금까지 살아왔습니다. 주님께 저를 드렸지만 제 자아는 아직도 살아 있습니다. 지금 이 순간 내 힘으로 살려고 노력했던 것을 회개합니다. 이제 내 안에 있는 옛사람을 그리스도와 함께 십자가에 못 박으시고 저를 새 사람으로 만들어 주신 것을 믿고 감사드립니다. 오늘 이 순간부터 주님이 저의 생명으로 나타나시기를 원합니다. 예수님의 이름으로 기도합니다. 아멘."

이제부터는 믿음으로 살아야 한다. 당신의 느낌이나 감정에 얽매이지 말고 주님이 당신의 삶을 인도하신다는 것을 순전히 믿으라. 그 믿음으로 예수님이 당신을 통해 나타나는 은혜의 삶을 살기 바란다.

은혜 영성의 파워

초판 1쇄 펴낸 날 2002년 7월 12일
개정 2판 9쇄 펴낸 날 2011년 11월 15일
개정 3판 10쇄 펴낸 날 2023년 7월 5일

지은이 스티브 맥베이　**옮긴이** 우수명
펴낸이 김태희
펴낸곳 터치북스
출판 등록 2017년 8월 21일(제 2020-000174호)
주소 경기도 고양시 덕양구 통일로 800, 2층(관산동)
전화 031-963-5664
팩스 031-962-5664
이메일 1262531@hanmail.net

책값은 표지에 있습니다.
ISBN 978-89-968614-0-9

잘못 만들어진 책은 구입한 곳에서 교환해 드립니다.